中国保理产业发展报告
（2015）

中国银行业协会保理专业委员会　编著

中国金融出版社

责任编辑：孔德蕴　张怡姮

责任校对：孙　蕊

责任印制：程　颖

图书在版编目（CIP）数据

中国保理产业发展报告（Zhongguo Baoli Chanye Fazhan Baogao）（2015）/中国
银行业协会保理专业委员会编著.—北京：中国金融出版社，2016.12

ISBN 978 – 7 – 5049 – 8779 – 2

Ⅰ.①中…　Ⅱ.①中…　Ⅲ.①国际保险—理赔—研究报告—中国—2015

Ⅳ.①F842.685

中国版本图书馆CIP数据核字（2016）第270217号

出版
发行　**中国金融出版社**

社址　北京市丰台区益泽路2号

市场开发部　（010）63266347，63805472，63439533（传真）

网上书店　http://www.chinafph.com

　　　　　　（010）63286832，63365686（传真）

读者服务部　（010）66070833，62568380

邮编　100071

经销　新华书店

印刷　北京侨友印刷有限公司

装订　平阳装订厂

尺寸　169毫米×239毫米

印张　10.75

字数　126千

版次　2016年12月第1版

印次　2016年12月第1次印刷

定价　56.00元

ISBN 978 – 7 – 5049 – 8779 – 2/F.8339

如出现印装错误本社负责调换　联系电话（010）63263947

中国保理产业发展报告（2015）

本书编委会

指导委员会主任：潘光伟

编 委 会 主 任：王 江

编 委 会 副 主 任：黄润中　刘 阳　杨 敏　黄叶峰　白瑞明

编 委 会 成 员：杨 斌　薛 博　刘云飞　绳 莉　孙剑波
　　　　　　　　邓莎莎　宋 扬　彭肇文　梁岚雨

课题组成员

课 题 组 组 长：白瑞明

课题组副组长：韩捷晨　路红卫

课 题 组 成 员：吴 娜　邢梅琳　徐榕华　张 晓　陶兴慧
　　　　　　　　徐凌云　陈 挺　黄文忠　朱 楠　王 倩
　　　　　　　　王启杰　刘子薇　赵 薇　徐瀛教　杨 幸
　　　　　　　　梁 斌　唐泽龙　乌兰娜英　陈志强　张 岚
　　　　　　　　安 英　王琛瑶

中国保理产业发展报告

（2015）

序

　　《中国保理产业报告(2015)》（以下简称产业报告）在中国人民银行、中国银行业监督管理委员会、中国银行业协会的指导下，在银行业协会保理专业委员会的共同努力下问世了。今年的报告，我们看到保理产业的业务模式更具多样性、风险把控力逐渐提高、保理市场在经过多年培育后认知度逐步提升。

　　2015年来，全球经济发展不确定性仍较为明显，部分主要经济体增长乏力，大宗商品价格波动剧烈。国内经济下行压力加大，企业应收账款规模持续上升，回收周期不断延长，应收账款拖欠和坏账风险明显加大，企业周转资金紧张状况进一步加剧。

　　在此宏观经济背景下，李克强总理在作政府工作报告时指出，当前，我国经济发展进入新常态，面临许多新的机遇和挑战，要实现中高速增长、迈向中高端水平，对外开放必须要上新水平，2015年要推进丝绸之路经济带和

21世纪海上丝绸之路合作建设，构建全方位对外开放新格局，加快实施"走出去"战略。

要让中国企业走得出、走得稳，金融服务必须配套跟上。保理作为应收账款融资和管理的重要工具，自20世纪九十年代进入中国市场，2002年以后高速发展，为中国经济的发展特别是对外贸易的发展起到了很大的支持和促进作用。2015年，中国保理业务面临宏观经济放缓的环境，且业务规模已发展到一定程度，下一步该如何发展？我想分享几点思考。

一是我国保理业务的发展仍有增长潜力。据世界银行统计发现，全球保理业务量与GDP之比约为2.93%，在保理业务发展较早的国家地区中保理业务量占GDP的6%以上，而英国、意大利、中国台湾等保理业务发展较好的国家或地区中该比例可达15%。根据中国银行业协会、国家统计局数据计算发现，2015年我国保理业务占GDP的占比为4.24%，与2006年0.78%相比，已有较大提升，但仍有较大的增长空间。

二是宏观经济的变动也给保理业务发展带来了机遇。早在20世纪八十年代末九十年代初，我国就曾爆发过一轮"三角债"危机。三十多年过去了，由资金链断裂和中小企业融资难而引发的新"三角债"现象又有抬头迹象，且有愈演愈烈的迹象。而保理业务是保理商围绕应收账款，一般不要求提供额外的担保或抵押，可以有效缓解应收账款的"三角债"风险，因此将产生更多的市场需求，带来保理业务发展的机遇。

三是针对出口商往往在交货之前比在交货之后更加需要融资的需求，保理业务开始将服务前移，为企业出货前的"订单阶段"提供"保理"服务，承担客户装船前阶段（即买卖双方签约至发货期间）的信用风险担保及融资服务，从而拓展业务范围，满足客户多元化需求。

四是通过供应链融资，以一个客户带动一个链条，拓展保理业务。供应链融资以核心企业的信用为基础，将资金流、货物流、信息流相匹配，为供应链上下游企业提供一系列应收账款综合化服务，这大大提高了保理业务的办理效率，通过供应链融资以点带面，促进业务发展。

五是借力互联网金融，进一步拓宽保理业务服务模式。一方面，商业保理机构拥有基于货物销售或服务合同所产生的应收账款债权；另一方面，互联网金融平台提供便捷的融资渠道和低廉的融资成本。2015年以来，已有多家知名互联网金融平台与商业保理机构进行深入合作，保理业务正越来越多地受到互联网金融平台青睐。

当前，尽管国内外经济的不确定性和复杂性日趋严峻，市场环境发生了较大变化，国际、国内监管政策频繁变动并愈发趋紧，合规经营压力愈发增大，然而，随着国家战略的实施、落地，我们应当看到，机遇与挑战并存，机遇大于挑战。在此，希望商业银行与保理公司抓住机遇，一方面在各自的专业领域合规经营、稳健发展，另一方面加强双方合作，协同发展，共同推动我国保理产业更快更好发展！

交通银行副行长

中国保理产业发展报告（2015）

前言

2015年，我国经济运行进入新常态，宏观经济深度调整。尽管面临外部经济环境的挑战，中国保理业务发展平稳，保理专业委员会全体成员单位保理业务量折合人民币2.87万亿元人民币，与2014年基本持平，为全球第二大保理国。保理产业在各常委单位的群策群力下，在业务创新、人才梯队建设、风险管理、课题研究、系统优化等多个方面发展喜人。

为进一步总结行业动态、分享行业创新成果、预警行业风险，推动保理业务更好发展，我们编写出版了《中国保理产业发展报告（2015）》。报告主要包括五个部分（七个章节），一是总结了2015年我国保理产业整体发展情况及全球保理动态(第一、二章)；二是阐述了保理行业法律法规建设情况(第三章)；三是解读了行业内最新的产品与业务模式创新；四是就当前经济环境下的业务风险进行了梳理及提示；五是展望了保理产业的未来发展趋势(第六章)。

本篇产业报告在中国银行业协会的指导下，在全体常委单位的大力支持下，紧扣业务发展亮点及最新动态，由交通银行牵头，各家常委单位齐心协力，共同完成了报告撰写工作：

第一章由交通银行、中国银行、工商银行、浦发银行负责；

第二章由中国银行、建设银行负责；

第三章由浦发银行、中国银行负责;

第四章由民生银行、汇丰银行、交通银行、国家开发银行、光大银行、工商银行负责;

第五章由工商银行、光大银行、建设银行、汇丰银行负责;

第六章由光大银行负责;

第七章由交通银行负责。

本篇产业报告是集体智慧的结晶,在此,我们要向中国银行业监督管理委员会、中国银行业协会以及积极参与此次报告撰写工作的各家常委单位致以真诚的感谢!

转型发展,逆势而上;着眼长远,顺势而为。我国保理产业要围绕国家"十三五"规划,紧跟"走出去"战略,进一步提升金融服务能力,实现业务转型升级,为中国经济发展、服务实体经济作出贡献!

中国银行业协会保理专业委员会

中国保理产业
发展报告
（2015）
目录

第一章
2015年中国保理产业发展情况

第一节　中国保理产业概况

2015年，我国经济运行进入"新常态"，主要经济指标继续下滑。全年国内生产总值同比增长6.9%，自1991年以来首次增速低于7%；第一产业、第二产业增加值增速均下滑，部分产能过剩行业经营困难；固定资产投资增速持续放缓；进口、出口较上年均下降，进口下降幅度较大。2015年末，规模以上工业企业应收账款114 546.9亿元人民币，比上年增长7.9%，增速同比下降2.1个百分点。

在经济进入"新常态"的大环境下，我国保理产业主要发展态势如下：

一、银行保理规模继续收缩，商业保理连续三年倍增

我国银行保理业务规模自2013年超过3万亿元人民币的高点后，2014年、2015年连续两年出现下跌。自2008年起，国内银行保理业务经历了一段"超常规"发展阶段，银行保理业务发展速度高于经济增长速度，在此过程中也暴露了一些问题。2014年以来，银行保理业务进入调整期，各家银行，尤其是中资银行对保理业务趋于谨慎。保理业务通常期限较短，与传统贷款业务相比，对经济波动的反应更为敏感，在经历了"大发展"之后出现下降，符合业务发展的规律。

与银行保理不同，2015年，我国商业保理继续呈倍增式发展。自2012年下半年商务部在部分地区开展商业保理试点以来，我国商

业保理行业发展迅猛，商业保理市场认识度不断提高，行业领域不
断扩展，融资渠道不断拓宽，新注册商业保理企业数量、业务量和
融资余额连续三年成倍增长。截至2015年末，全国注册商业保理公
司数量已达2 514家，当年商业保理转让业务量超过2 000亿元人民
币，融资余额超过500亿元人民币。2015年，有9家中国内地商业保
理公司加入国际保理商联合会（FCI），而在此之前，中国内地的
FCI会员中仅有3家商业保理公司。需要注意的是，我国商业保理的
历史很短，目前仍处于较为初级的发展阶段，规模与银行保理相比
依然很小。从一定程度上讲，商业保理能"逆势而为"，连续三年
实现倍增，这是事物发展初期的特有现象，不能简单理解为常态。

二、部分行业信用风险暴露导致相关保理业务风险上升

2015年，在41个工业大类行业中，有12个行业利润总额比上年下
降，部分行业信用风险开始显现，尤其是产能过剩行业的信用风险加
速暴露，并且扩展至国企和央企。由于保理业务通常期限较短，并且
一般不存在展期等化解方式，部分行业的保理业务风险持续上升。

三、保理业务相关的法律、政策法规虽不完善但正在发展中

在法律方面，长期以来，我国保理领域始终没有专门的法律制
度，但相关司法部门为推动保理业务法律环境的完善一直在努力。
2015年，最高人民法院以及北京、天津等地的高级人民法院均就保
理合同纠纷案件提出了审判意见。最高人民法院就保理合同的案由
提出了意见，认为保理合同属于无名合同，保理合同的案由不应简
单认定为借款合同，最高人民法院已将保理合同案由纳入新修订的
案由规定中予以考虑，在新的案由规定出台之前，暂时可归入"其
他合同纠纷"中。北京高院也就保理业务案由问题提出了意见，与
最高人民法院意见一致。天津高院新发布的审判委员会纪要中，就
保理业务具体操作中可能遇到的一些问题进行了明确，例如，明确
了债权转让通知的主体既可以是债权人也可以是保理商；债权转让

通知的方式不局限于传统纸质通知；债务人对应收账款确认，应根据债务人所确认内容的不同，决定债务人能否行使抗辩权。

在政策法规方面，2014年4月，银监会公布了《商业银行保理业务管理暂行办法》；商务部于2015年3月公布了《商业保理企业管理办法（试行）》的征求意见稿，预计正式下发后将为规范商业保理行业发展发挥积极作用。

四、各项保理创新继续涌现

虽然保理产业发展进入调整期，但各项保理创新继续涌现。例如，在产品与业务模式创新方面，2015年，中国银行业协会保理专业委员会（以下简称FAC）发布了《国内双保理业务合作协议范本V1.0（试行）》，为"国内双保理"这一银行同业之间合作开展保理业务的新模式提供了基础；在经营主体创新方面，2015年，重庆市两江新区金融办在国内首次审批了3家金融保理公司，也有其他地区正在研究参照金融租赁模式，设立由银监部门审批，视同金融机构管理的金融保理公司。

第二节 中国银行保理发展情况

一、银行保理总体概况

根据中国银行业协会保理专业委员会的统计数据显示，2015年全年，保理专业委员会全体成员单位保理业务量折合人民币2.87万亿元，同比下降1.71%。其中，国际保理业务量1 220.01亿美元，同比下降0.36%，国内保理业务量2.09万亿元人民币，同比下降3.69%。各品种业务量及占比如图1-1所示[①]。

---

① 全书图表数据均来自中国银行业协会保理专业委员会的相关统计结果。

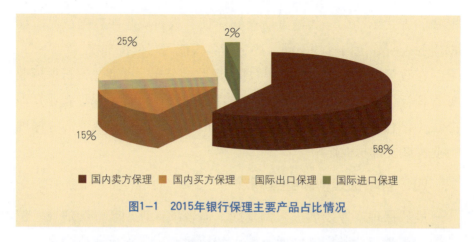

图1-1　2015年银行保理主要产品占比情况

从中外资银行市场份额来说，中资银行仍是主要市场参与者，在国际保理业务中，中资银行占比98.19%；在国内保理业务中，中资银行占比99.15%。

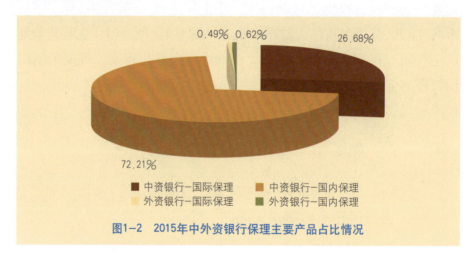

图1-2　2015年中外资银行保理主要产品占比情况

二、银行保理产品分类及结构分析

（一）产品分类

保理业务是一项以债权人转让其应收账款为前提，集融资、应收账款催收、管理及坏账担保于一体的综合性金融服务。根据中国银监会下发的《商业银行保理业务管理暂行办法》（中国银监会令

2014年第5号），保理业务可从以下几个维度进行分类：一是按照基础交易的性质和债权人、债务人所在地，可分为国际保理和国内保理；二是按照商业银行在债务人破产、无理拖欠或无法偿付应收账款时，是否可以向债权人反转让应收账款、要求债权人回购应收账款或归还融资，分为有追索权保理和无追索权保理；三是按照参与保理服务的保理机构个数，分为单保理和双保理。

　　基于此，为便于行业数据统计及分析，中国银行业协会保理专业委员会首先将保理分为国际保理和国内保理，其中，国际保理业务分为出口保理和进口保理，国内保理分为卖方保理和买方保理；根据保理四项服务的提供情况，FAC再将出口保理和卖方保理细分为无追索权、有追索权及银保合作保理，并将进口保理细分为承担进口商风险的进口保理及托收型进口保理。

（二）产品结构分析

　　2015年，全国国际保理业务量为1 220.01亿美元，约合人民币7 803.44亿元，占比27%；国内保理业务量为2.09万亿元人民币，占比73%，多年来国内保理仍是我国保理市场的重头。

　　1.国际保理结构分析。

　　2015年，国际保理业务量1 220.01亿美元，同比下降0.36%。其中，出口保理1 131.27亿美元，占比92.72%，业务量同比下降0.46%；进口保理88.74亿美元，占比7.28%，业务量同比增长0.94%。

　　在出口保理业务中，无追索权出口保理业务量为143.13亿美元，有追索权出口保理886.16亿美元，银保合作保理101.98亿美元。在进口保理业务中，承担进口商风险的进口保理业务85.85亿美元，托收型进口保理业务量为2.89亿美元。

　　目前，中国国际保理业务中仍以出口保理为主，进口保理业务占比较低，这与国内的信用体系不完善及银行尚未建立起适应保理公司机制的买方风险控制体制有关。在国际上，因整个市场信用体系较为完善、可获得企业较多的有效信息，国外保理商会采用主动

授信的方式进行业务合作，但在国内，出于风险考虑，银行通常会选择本行授信客户叙做进口保理业务，因此国内银行对于进口商的额度核准率普遍较低。另外，中国企业对保理业务的需求约90%是寄托于融资需求，而出口保理业务可以满足企业的融资需求，这也造成了国内出口保理业务量远高于进口保理业务量。进一步从出口保理业务产品占比分析，有追索权出口保理占到整个出口保理业务量的78.33%，也反映出银行从风险防控角度出发，在企业信息透明度有待提高的整体环境中，选择较为谨慎的有追索权保理业务办理。

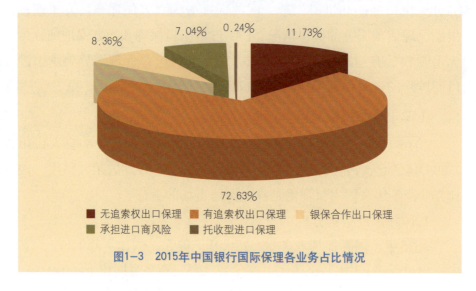

8.36%　　7.04%　0.24%　11.73%

72.63%

■ 无追索权出口保理　■ 有追索权出口保理　□ 银保合作出口保理
■ 承担进口商风险　■ 托收型进口保理

图1-3　2015年中国银行国际保理各业务占比情况

2. 国内保理结构分析。

2015年，国内保理业务量为20 912.81亿元人民币，同比降幅3.69%。其中，卖方保理16 719.59亿元人民币，占比79.95%，业务量同比下降9.38%；买方保理4 193.22亿元人民币，占比20.05%，业务量同比增长26.85%。在卖方保理中，无追索权卖方保理3 643.78亿元人民币，有追索权卖方保理12 689.61亿元人民币，银保合作保理386.20亿元人民币。

根据图1-4数据表明，与国际保理类似，国内保理业务的主要构成是卖方保理，而卖方保理中有追索权保理是主体，这反映出我国企业信息的透明度及信息共享机制有待提高，银行从风险控制出发，目前较少涉及买断型保理业务。另外，由于在国内难以寻找其他国内银行作为买方保理商提供坏账担保服务，因此国内保理业务基本以单保理为主。

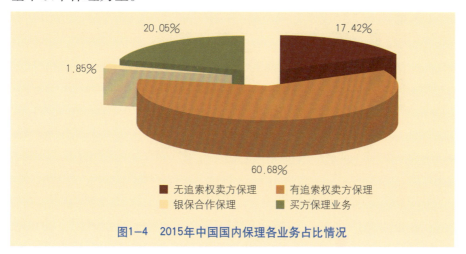

图1-4　2015年中国国内保理各业务占比情况

第三节　中国商业保理发展情况[①]

一、商业保理公司注册情况

（一）2015年新增注册情况

近年来，我国商业保理公司注册数量呈爆发式增长势头。据中国服务贸易协会商业保理专业委员会（以下简称CFEC）统计，截至2015年底，全国共有注册的商业保理公司及分公司2 514家，其中法人企业2 340家，分公司174家。2015年当年注册成立商业保理公司1 211家、分公司83家，新增数量较2014年增长43.3%，是2012年商务

---

① 本节部分摘编自商务部国际贸易经济合作研究院、中国服务贸易协会商业保理专业委员会等单位联合发布的《中国商业保理行业发展报告2015》。

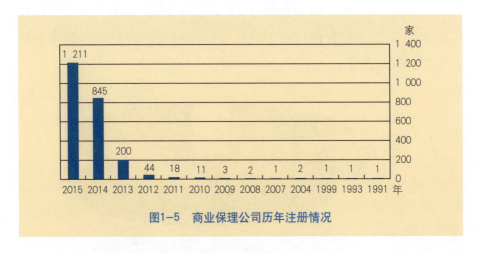

部批准商业保理公司试点当年成立公司数量的27.66倍。

图1-5　商业保理公司历年注册情况

（二）商业保理公司地区分布情况

随着商业保理试点区域范围的扩大，商业保理公司设立的区域范围也在相应扩大，并扩展至非试点地区。截至2015年12月，全国34个省级行政区中，已有28个地区设立了商业保理公司及分公司。目前，境内仅有海南、宁夏、甘肃、贵州4省区尚无商业保理公司或分公司设立。商业保理试点工作实际上已经在全国展开。

广东（包括深圳）、上海、天津三地由于试点时间早，配套政策及环境相对比较成熟，仍然是商业保理公司注册首选之地。考虑到注册的便捷及日后经营环境的宽松，很多商业保理公司都选择广东作为注册的首选地区，2015年共有847家公司和7家分公司在广东地区注册成立，位居2015年新注册公司数量的榜首。上海地区得益于良好的经济发展和融资环境，2015年新增公司数量排名第二，共有173家公司和1家分公司注册成立。天津地区由于试点时间最早，保理产业聚焦效应较大，并且新政推出处于国内领先，政策落地也较为有力，因此，2015年共有109家公司注册成立，新增公司注册数量排名第三。

北京市石景山区、顺义区、海淀区也相继放开试点，分别制定了试点管理办法或出台相关优惠政策吸引商业保理机构入驻。截至2015年12月31日，北京共注册66家商业保理公司。

重庆市也随即放开试点，截至2015年12月31日，重庆共注册商业保理公司45家，分公司2家。其中，在重庆两江（两江新区辖江北区、渝北区、北碚区三个行政区部分区域，以及北部新区、保税港区、两江工业开发区三个功能区）共注册商业保理公司41家。

在国家大力推行设立自由贸易区的大背景下，商业保理公司作为新金融业态，相应自贸区加大金融开放程度的大趋势，各自贸区针对商业保理行业分别出台了各种金融便利化政策，诸如注册条件、财政扶持、税收优惠、外汇管理政策支持等，吸引了众多商业保理公司注册成立。其中，深圳前海深港合作区2015年新增商业保理公司818家、上海自贸区2015年新增商业保理公司151家、天津自贸区2015年新增商业保理公司注册数量85家、福建自贸区2015年新增商业保理公司17家。

（三）注册资金情况

2015年新注册成立的1 211家商业保理公司（不含新注册成立的分公司），注册资金总量折合人民币已超过1 000亿元，数额直追2015年之前的累计额。截至2015年12月31日，全部商业保理公司注册资金折合人民币已累计超过1 970亿元。

随着越来越多的大型企业参与到商业保理行业中，商业保理公司的注册资本金也屡创新高，2015年新增注册的商业保理公司中，注册资金在10亿元人民币以上的共计13家。其中，注册资金30亿元人民币的公司1家，注册资金20亿元人民币的公司1家，注册资金15亿元人民币的公司1家，注册资金10.8亿元人民币的公司1家，注册资金10亿元人民币的公司9家。

（四）外商投资注册情况

截至2015年12月31日，共有外商投资商业保理公司80家，其中美元注册的77家，港元注册的2家，欧元注册的1家。其中，2015年

新增的38家外商投资商业保理公司，以美元注册的有37家、注册资金合计14.835亿美元；以欧元注册的有1家、注册资金合计720万欧元。

2015年新增外资注册公司中，注册在天津地区的有18家，为全国之首，上海和广东各8家，福建2家，重庆和沈阳各1家。

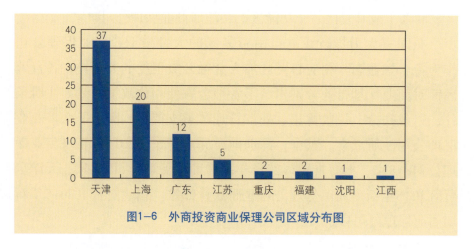

图1-6　外商投资商业保理公司区域分布图

二、商业保理公司经营状况调查

据CFEC的统计，2015年全国商业保理业务量超过2 000亿元人民币，融资余额500亿元人民币，均是2014年的2.5倍。随着商业保理的不断发展，商业保理公司的各项经营指标均大幅增长，商业保理正快速实现从量到质的提升。

2016年初，CFEC向会员单位发放了业务调查问卷，共收回调查问卷54份，其中有效问卷46份。根据调研反馈数据，46家公司的注册资本金总计72亿元人民币，实缴资本金总计68亿元人民币，大多为正常经营企业，2015年业务量总计1 144.3亿元人民币，占全国商业保理业务量的57%，融资余额总计274.7亿元人民币，占全国商业保理融资余额的54%。从地区分布来看，46家有效反馈的商业保理公司分布在安徽（2）、北京（3）、广东（11）、湖北（1）、江苏（1）、上海（11）、天津（12）、云南（1）、浙江（1）、重庆

（3）。调研反馈的46家商业保理公司中，外资6家、内资40家。样本较具有代表性。

（一）样本公司股东背景情况概述

此次反馈调研问卷的46家公司中，大型企业作为控股股东的商业保理公司共15家，其他企业及自然人为控股股东的公司共25家，外商投资公司6家。在46家公司中虽然大型企业作为股东的公司数量较少，占比33%，但其缴纳本金、融资余额都明显高于其他两类公司，占比分别达到总样本的45%和46%。

（二）样本公司的注册资本金分布情况

根据46家公司注册资本金的缴纳情况和分布情况来看，大型企业作为股东的商业保理公司资金实力明显优于其他两类商业保理公司。46家公司的注册资本金72亿元人民币，实缴68亿元人民币，其中仅7家公司没有实际缴纳资本金，其余39家均完成资本金的实缴。其中实缴金额在2亿元人民币以上的公司主要以大型企业为股东的商业保理公司为主，15家大型企业股东商业保理公司中共有7家注册资本金在2亿元人民币以上，注册资本金2亿元人民币的有3家，而其他企业股东商业保理公司实缴金额大部分集中在1亿元人民币以下。

（三）样本公司的保理业务量及融资余额

根据46家公司反馈问卷数据，商业保理公司由于股东背景及专业团队的不同，经营差异较大，大型企业作为股东的商业保理公司虽然数量相对其他商业保理公司较少，但是融资余额明显多于其他两类商业保理公司。

从业务集中度来看，商业保理公司经营两极分化现象明显，融资余额排名前二十的商业保理公司，融资余额总量基本可达46家公司总量的90%左右，而其余26家商业保理公司则占比在10%以内。大型企业股东商业保理公司大多资金实力及融资能力较强，专业化人才较为集中，业务规模及成长性较好，融资余额基本在2亿元人民币以上，其中融资余额达到10亿元人民币以上的公司有6家，融资余额占15家公司总数的83%。其他企业及自然人股东的商业保理公司中经营两极分化特征更为明显，在25家企业中，融资余额达到10亿元人民币以上的公司仅为4家，融资余额占此类公司融资余额总量的73%，也反映出在其他企业及自然人股东的商业保理公司中只有极少部分公司能够突破困境，走出专业化、可持续发展模式，而其余大部分公司仍然在摸索中前行。

（四）样本公司的业务定位

大型企业背景的商业保理公司根据集团战略要求和公司发展定位的不同，在业务定位上主要分为三类：第一类主要为股东企业上下游客户开展保理业务，选择的核心企业即股东企业，并根据股东企业的业务导向和保理业务的风控要求选择股东企业的上下游客户；第二类主要开展集团外部的业务，核心企业的选择以中央企业、国有企业、上市公司、民营龙头企业为主，并为符合授信条件的核心企业的上下游客户开展保理业务；第三类股东产业链和外部业务兼营。在反馈调查问卷的46家公司中，15家大型企业背景的商业保理公司中，2家企业仅开展股东企业上下游客户业务，3家企业仅开展集团外部业务，其他10家商业保理公司均为两者兼营。其他企业和自然人股东背景的商业保理公司由于股东产业链背景相对较弱或为类金融企业股东背景，所以在25家公司中只有4家开展了少量与股东产业链相关的业务，其余21家均仅开展集团外部业务。46家公司的外资商业保理公司中只有1家兼营与股东产业链相关业务，其他均开展与股东产业链无关的业务。

（五）样本公司的行业分布

经过近几年的快速发展，我国商业保理业务几乎涵盖所有行业，在反馈调查问卷的46家公司中，开展最多的行业为制造业，占比41%；其次是批发零售业，占比35%；建筑业位居第三，占比16%。其他行业虽然商业保理公司也有所涉猎，但由于其行业的专业性、垄断性以及基础交易和结算的特殊性，商业保理业务无法广泛开展，业务开展规模相对较少。

表1-1　商业保理样本公司客户行业分类

企业类型	占比
制造行业	41%
批发和零售行业	35%
建筑业	16%
电力、热力、燃气及水生产和供应业	3%
交通运输、仓储和邮政业	1%
信息传输、软件和信息技术服务业	1%
房地产业	1%
采矿业	1%
其他	1%

三、商业保理行业自律组织

中国服务贸易协会商业保理专业委员会（以下简称CFEC）自2012年成立以来，在推动商业保理行业建设和发展的过程中发挥了重要的作用。

截至2015年底，专委会共有正式会员139家；截至2016年3月底，会员数量已上升至162家，其中，主任单位1家，副主任单位33家，常务委员单位40家，普通会员单位88家；按照企业主营业务划分，商业保理公司123家、融资租赁公司6家、商业银行4家、金融资产交易所1家、律师事务所3家、科技投资类公司12家、金融服务类公司12家、其他1家（主任单位：商务部国际贸易经济合作研究院）。

在CFEC的正面影响下，地方性行业自律组织也不断酝酿形成。至2015年底，上海市浦东商业保理协会（成立于2013年10月12日）、广东省商业保理协会（成立于2015年1月31日）、天津市商业保理协会（成立于2015年1月16日）、深圳市商业保理协会（成立于

2015年9月24日）、重庆市商业保理行业协会（成立于2015年12月18日）等地方商业保理协会相继成立。

商业保理行业自律组织的壮大发展，意味着商业保理健康、有序发展的新时代已经到来。

第二章
2015年全球保理产业发展情况

第一节　2015年全球保理行业概述

一、全球及各大洲情况

根据FCI统计数据，2015年全球保理总量为23 730.03亿欧元（或25 865.73亿美元，EUR1 = USD1.09），在全球经济依然不稳定的背景下保理业务量增速放缓，同比增幅约1%（若以美元计，-8%）[①]，增速大幅低于过去20年来11%的年均复合增长率。国内保理业务量18 428.14亿欧元（或20 086.67亿美元），同比下降0.79%，约占78%；国际保理业务量5 301.89亿欧元（或5 779.06亿美元），同比增幅8.18%，约占22%。

---

① 2015年，欧元对美元延续了2014年的贬值趋势（在折算业务量时，FCI近年来使用的汇率分别为:2013年EUR1=USD1.38， 2014年EUR1=USD1.20，2015年EUR1=USD1.09），导致以欧元计和美元计的业务量增幅出现较大差异。由于欧洲是全球保理业务最大的市场，业务量占比在60%以上，我们认为使用欧元折算全球保理业务量能相对更准确地反映业务实际发展面貌。

图2-1　2009—2015年全球保理业务量

　　2015年，各大洲保理业务情况可以简要概括为"欧洲一枝独秀，亚洲首现衰退，美洲低迷加重，澳非仍处边缘"。

　　2015年，欧洲地区依然是全球最大的保理市场，占全球保理业务量的65%，比上年提高3个百分点。2015年欧洲保理业务增长较为强劲，增速达到6%，大幅高于全球保理市场1%的总体增速。英国、法国、德国、意大利和西班牙依然是欧洲最大的保理市场，并且都在2015年实现了增长。2015年，欧洲地区保理业务量增长最快的国家是塞尔维亚（增幅45%）、罗马尼亚（增幅35%）、匈牙利（增幅34%）和摩尔多瓦（增幅31%）。

　　作为全球第二大保理市场的亚洲，2015年保理业务量占全球的比例为24%，比上一年下降了2个百分点。2015年亚洲保理业务量同比下降了8%，这是自2008年全球金融危机以来亚洲保理业务首次出现同比下降。上一年亚洲保理业务最大的两个市场，中国和中国台湾，在2015年业务量均出现负增长，导致了亚洲保理市场的疲软。日本则实现了6%的增长，超过中国台湾，重新成为亚洲第二大保理市场。

　　美洲地区延续了2014年的低迷状态并且下滑进一步加剧。 2015年，美洲地区保理业务量以美元计降幅达到14%，甚于2014年6%的降幅，其中最大的保理市场美国2015年的降幅达11%。

2015年，澳洲地区的保理业务量下降了1%，非洲地区下降了13%。两个地区的份额加起来不到3%，仍处于边缘状态。

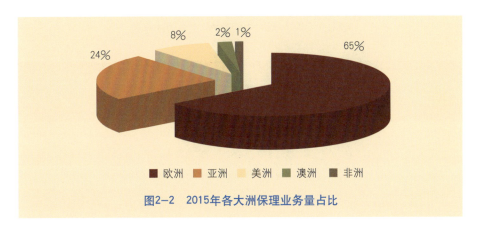

图2-2　2015年各大洲保理业务量占比

百万欧元	欧洲	亚洲	美洲	澳洲	非洲	全球
国内保理	1 263 692	345 771	174 825	41 751	16 775	1 842 814
国际保理	293 302	217 218	19 349	10	311	530 189
国内+国际	1 556 994	562 988	194 174	41 761	17 086	2 373 003

图2-3　2015年全球五大洲保理业务量

二、全球保理业务主要国家和地区情况

2015年，全球保理业务量排名前15位的国家和地区业务量合计占比超过80%。与2014年相比，排名前15位的国家和地区的大名单没有发生变化，但具体的名次略有调整。值得关注的是英国重回第一

位，中国降至第二位。2011—2014年，中国连续4年位居全球保理业务量首位，而在2010年及之前，英国长期居于首位。具体情况如表2-1所示。

表2-1　2015年全球保理业务主要国家排名

单位：百万欧元

	国内+国际					国内保理			国际保理		
	2015年排名	2014年排名	排名变化	业务量	占比	排名	业务量	占比	排名	业务量	占比
英国	1	2	↑1	376 601	15.87%	1	351 950	19.10%	8	24 651	4.65%
中国	2	1	↓1	352 879	14.87%	2	226 600	12.30%	1	126 279	23.82%
法国	3	3		248 193	10.46%	3	180 745	9.81%	2	67 448	12.72%
德国	4	4		209 001	8.81%	4	149 401	8.11%	3	59 600	11.24%
意大利	5	5		190 488	8.03%	5	148 448	8.06%	4	42 040	7.93%
西班牙	6	6		115 220	4.86%	6	98 798	5.36%	10	16 422	3.10%
美国	7	7		95 000	4.00%	7	80 000	4.34%	11	15 000	2.83%
荷兰	8	10	↑2	65 698	2.77%	11	56 098	3.04%	12	9 600	1.81%
比利时	9	9		61 169	2.58%	11	35 881	1.95%	7	25 288	4.77%
日本	10	11	↑1	54 184	2.28%	9	53 129	2.88%	27	1 055	0.20%
中国台湾	11	8	↓3	52 693	2.22%	24	13 410	0.73%	5	39 283	7.41%
澳大利亚	12	12		41 761	1.76%	10	41 751	2.27%	64	10	0.00%
土耳其	13	13		39 310	1.66%	12	31 414	1.70%	13	7 896	1.49%
新加坡	14	14		38 900	1.64%	18	22 200	1.20%	9	16 700	3.15%
波兰	15	15		35 020	1.48%	14	27 868	1.51%	14	7 152	1.35%
总占比					83.27%			82.36%			86.46%

第二节　中国对全球保理发展的助推

2015年，随着全球资源品价格下跌，巴西、俄罗斯、印度尼西亚等资源出口国经济显著放缓，欧元区深陷债务危机，新兴经济体货币堪忧，全球经济的不景气直接对全球保理业务的发展带来冲击。

保理是逆经济周期而行的综合信用服务产品，虽然2015年中国进出口总额下降7%，国内生产总值增速仅为6.9%，但是国家统计局应收账款数据显示：2015年，规模以上工业企业应收账款达到11.45万亿元人民币，比上年增长7.9%，中国企业应收账款的增长为全球保理业务的发展提供了空间。

一、银行保理占主导地位

根据FAC统计口径，2015年银行保理业务中国内保理业务发生额2.87万亿元人民币，同比下降1.71%，国际保理业务发生额1 220.01亿美元，同比下降0.36%。尽管业务量下降，但银行保理业务仍在中国保理行业中占据主导地位。

二、商业保理规模高速增长

中国服务贸易协会商业保理专业委员会（CFEC）公布数字显示：截至2015年，中国共有注册的商业保理企业2 514家，其中，新注册成立商业保理公司1 294家（含新注册成立的分公司），全年商业保理融资业务量超过2 000亿元人民币，较2014年增长了1.5倍，共服务了31 500家中小企业，平均每家中小企业获得的保理融资额约为635万元人民币。

三、商业保理领域的创新频出

（一）保理+资产证券化

2015年5月，全国第一单单保理债权资产证券化产品摩山保理一期在上海证券交易所发行上市，突破了保理融资方式，具有里程碑的意义。全年共发行三期，占资产证券化总发行规模0.22%。

（二）保理+融资租赁

外资租赁公司向境内企业办理售后回租，将租赁合同项下产生的应收租金债权转让给银行后将境外低成本资金借入境内。但随着"营改增"的税务改革，以降低企业融资成本为目的的租赁保理业

务将在2016年受到重大不利影响，因为融资性售后回租业务按照贷款服务缴纳增值税，相关的利息和手续费等费用，其进项税额不得从销项税额中抵扣。

（三）保理+P2P平台

2014年P2P开始引入保理业务，通过以P2P为代表的联网金融资金通道给商业保理公司带来新的融资渠道，为商业保理公司带来了较低成本的资金，为P2P平台带来稳定的收入，但是监管相对处在空白区域，P2P领域的风险引入保理行业，风险与争议并存。

第三节　全球保理动态

一、地区动态

尽管国际保理业务在总体保理业务上的占有量是相对比较小的，但逐年在增长，目前国际保理业务占保理业务22%，国内保理业务占保理业务的78%。

2015年11月，FCI在亚洲通过国际金融合作组织参与了APEC财长会议，会上成立了FIDN（Financial Infrastructure Development Network），并成立多个委员会小组，FCI成为了担保融资专业委员会的成员，希望日后通过FiDN增大FCI在APEC的影响。

二、保理组织动态

（一）国际保理商协会（IFG）和国际保理商联合会（FCI）合并

2015年5月，IFG与FCI签署谅解备忘录确定合并意向。2015年6月FCI在新加坡举办的第47届年会上表决通过了合并决议。

2015年10月，IFG在维也纳举办的第53届年会上表决通过了合并决议。全球两大保理商组织对合并所涉及的法律、财务、税务、

IT平台等问题进行了密切磋商和合作，预计将于2016年完成合并工作。IFG和FCI这两大组织均成立于20世纪60年代，多年来一直有合并意向，这次成功的实现合并，将会有利于整合资源、行业政策制定，从而促进保理行业的发展。所有IFG会员将自动成为FCI会员，新组织总会员数目将达到400余家，合并组织总部将设在阿姆斯特丹，并在布鲁塞尔下设分支机构。预计2016年完成新组织的所有法律、沟通、功能设置，2016年10月拟于南非召开成立大会，IFG从2016年起将资产负债表并入FCI。

（二）FAC发布"国内双保理"合作协议范本

2015年11月，中国银行业协会保理专业委员会（FAC）发布了中国首份银行业保理业务标准合同范本《国内双保理业务合作协议范本V1.0（试行）》。该协议在中国国内双保理业务日益增长的情况下填补了没有业务的统一操作流程和示范性文本的空白；契合了监管部门鼓励商业银行开展银行间国内双保理业务的要求，有利于中国国内保理业务的风险分散；提高了银行间开展国内双保理业务合作的效率，并且为将来推出中国国内双保理通用规则奠定了基础。

（三）FCI与CFEC加强合作

2015年11月，FCI参加了中国服务贸易协会商业保理专业委员会（CFEC）在香港举办的研讨会，双方为了中国保理市场有序发展加强了有关业务合作。尽管CFEC的关注领域基本在国内保理，但是CFEC对从业人员的培训、市场的培育也为国际保理的发展奠定了基础。

第三章
中国保理政策法规建设

第一节　保理应收账款政策法规建设现状

工业是国民经济的主导力量，是实体经济的骨架和国家竞争力的基础，是稳增长、调结构、转方式的主战场，也是创新的主战场，对经济发展全局至关重要。金融与实体经济、特别与工业是利益共同体，一荣俱荣，一损俱损。用好和创新金融工具，服务好实体经济和工业增效升级，是壮大和发展金融业、防范金融风险的根本举措和重要内容。

按照党中央、国务院决策部署，为进一步增强金融服务能力，突破工业转型发展面临的融资难、融资贵瓶颈，加大金融对工业供给侧结构性改革和工业稳增长、调结构、增效益的支持力度，推动工业去产能、去库存、去杠杆、降成本、补短板、加快工业转型升级，2015年，国家层面关于发展保理应收账款融资方面又有众多利好政策。

一、行业政策环境进一步完善

2015年5月4日，国务院印发《关于大力发展电子商务加快培育经济新动力的意见》，提出"鼓励商业银行、商业保理机构、电子商务企业开展供应链金融、商业保理服务，进一步拓展电子商务企业融资渠道"。

　　2015年8月25日，商务部出台了《商务部关于支持自由贸易试验区创新发展的意见》，提出"支持自由贸易试验区开展商业保理试点，探索适合商业保理发展的外汇管理模式，积极开展国际保理业务，充分发挥商业保理在扩大出口、促进流通、解决中小企业融资难等方面的积极作用"。

　　2015年8月26日，国务院印发了《国务院关于推进国内贸易流通现代化建设法治化营商环境的意见》，提出"支持信用调查、信用评估、信用保险、商业保理等信用服务行业加快发展，创新信用产品和服务"。

　　2015年8月31日，国务院办公厅印发《关于加快融资租赁业发展的指导意见》，提出"允许融资租赁公司兼营与主营业务有关的商业保理业务"。

　　2015年11月19日，国务院办公厅出台《关于加快发展生活性服务业促进消费结构升级的指导意见》，提出要拓宽融资渠道。鼓励商业银行在企业自愿、依法合规、风险可控的前提下，专业化开展知识产权质押、仓单质押、信用保险单质押、股权质押、保理等多种方式的金融服务。

　　2016年1月11日，商务部办公厅印发《关于做好商业保理业务信息系统信息传送工作的通知》，要求各地商务主管部门督促商业保理企业每月、每季度登录信息系统填报相关业务情况。

　　2016年2月14日，中国人民银行、国家发展改革委、工信部、财政部、商务部、银监会、证监会、保监会八部委联合印发《关于金融支持工业稳增长调结构增效益的若干意见》，提出要大力发展应收账款融资。加强动产融资统一登记系统建设，改进完善应收账款质押和转让、特许经营权项下收益权质押、合同能源管理未来收益权质押、融资租赁、保证金质押、存货和仓单质押等登记服务。推动更多供应链加入应收账款质押融资服务平台，支持商业银行进一步扩大应收账款质押融资规模。建立应收账款交易机制，解决大企

业拖欠中小微企业资金问题。推动大企业和政府采购主体积极确认应收账款，帮助中小企业供应商融资。

上述明确支持保理应收账款发展的相关政策和管理制度的出台，意味着保理在国家层面上进一步受到重视，有利于促进保理行业的发展、加大保理应收账款对实体经济的支持力度。

二、法规环境逐步改善

随着保理行业的快速发展，与保理相关的法律法规、地方规范性文件等日趋完善。我国关于保理的专门性立法尚未形成，所以在司法实务中，解决涉及保理业务的应收账款转让、登记、担保等的法律，主要适用《中华人民共和国民法通则》、《中华人民共和国民事诉讼法》、《中华人民共和国合同法》、《中华人民共和国担保法》、《中华人民共和国物权法》等的相关规定。但在中国银行业协会保理专业委员会、中国服务贸易协会商业保理专业委员会、法律人士等的推动下，我国保理法规方面已取得如下进展：

2014年10月7日，天津市高级人民法院公布《关于审理保理合同纠纷案件若干问题的审判委员会纪要（一）》，该《纪要（一）》共十一项内容，紧紧围绕天津法院审判实际，重点对保理合同纠纷案件中存在的保理法律关系认定、保理合同效力、案由的确定、管辖的确定、当事人的诉讼地位、法律适用问题、应收账款质押和转让冲突的解决和在中国人民银行征信中心动产融资统一登记平台公示和查询的效力等问题予以规定，有助于正确审理保理合同纠纷案件，促进保理业健康发展，对服务和保障金融改革创新具有重要意义。

2015年4月20日，天津市高级人民法院公布《关于审理保理合同纠纷案件若干问题的审判委员会纪要（二）》，该《纪要（二）》与2014年公布的《纪要（一）》共同指导审判实践，对于依法保护当事人合法权益，规范保理经营行为，促进保理业健康发展，服务保障金融创新，具有重要意义。主要内容包括：一是明确债权转让通知的效力与形式。二是明确债务人对应收账款进行确认的效力。

三是明确基础合同中债权禁止转让的约定及基础合同变更对保理商的影响。四是明确债务人的抗辩权和抵销权。五是明确以保理专户中保理回款进行质押担保的特征。六是明确保理商的权利救济方式。七是明确破产抵销权的行使。

2015年5月，北京市高级人民法院民二庭公布《当前商事审判中需要注意的几个法律问题》，主要针对涉保理的合同纠纷中的案由问题、法律适用问题、有追索权保理合同的诉讼主体等提出了基本审判指导意见。

2015年12月24日，最高人民法院民二庭公布《关于当前商事审判工作中的若干具体问题》，在"关于保理合同纠纷案件的审理问题"一节中，明确了保理合同的案由（在保理合同纠纷对应的案由方面，最高人民法院已将此纳入到新修订的案由规定中予以考虑，在新的案由规定尚未出台之前，可将其归入"其他合同纠纷"中。）、厘清保理的交易结构和当事人之间的权利义务关系、明确了保理合同与基础合同的关系（基础合同的存在是保理合同缔约的前提。但是，两者并非主从合同关系，而是相对独立的两个合同。）。

最高人民法院及地方高院出台的规范性文件对促进保理纠纷审理过程中相关案件司法尺度的统一具有积极作用，对社会实践具有很强的指导价值。

第二节　银行保理业务发展面临的政策法规问题

我国银行保理业务的历史可以追溯到20世纪90年代，经历过近30年的发展，银行保理业务已经进入了相对成熟的发展阶段。而银行保理业务的相关政策法规，包括行政性的规章体系和自律性的规范性文件办法，则是在2010年开始陆续制定和出台的。目前，在中

国银行保理行业，行业性文件主要有《商业银行保理业务管理暂行办法》〔中国银监会令2014年第5号〕（以下简称《办法》）、《中国银监会关于加强银行保理融资业务管理的通知》、《中国银行业保理业务规范》（以下简称《规范》）等，相关的司法审理依据主要有《中华人民共和国合同法》、《中华人民共和国民事诉讼法》、《中华人民共和国担保法》、《中华人民共和国物权法》、《中华人民共和国民法通则》等。但从目前可公开收集到的司法案例可以看出，虽然我国保理行业的政策法规环境逐步改善，但面对井喷式爆出的司法案件，相关行业规范和法律法规仍需进一步完善。

一、《中国银行业保理业务规范》修订稿尚待发布

2010年4月，中国银行业协会保理专业委员会发布了《中国银行业保理业务规范》（以下简称《规范》）。《规范》首次对保理业务的定义、特点、分类、操作流程、内部管理进行了全面、系统阐述，具有较强的指导意义和可操作性，是我国保理业务领域首份业务规范性文件，填补了我国保理行业当时尚无规范性文件的空白。2014年4月，中国银监会下发了《商业银行保理业务管理暂行办法》（以下简称《办法》），对商业银行开展保理业务进一步进行规范。《办法》特别强调"中国银行业协会应当充分发挥自律、协调、规范职能，建立并持续完善银行保理业务的行业自律机制"。根据《办法》的这一要求，结合《办法》公布后执行过程中遇到的问题，中国银行业协会保理专业委员会于2015年组织开展了对《规范》的修订工作，修订的基本原则为：（1）《规范》中的定义、分类、流程等基本要素与《办法》保持统一；（2）在与《办法》相关要求保持一致的前提下，对《办法》中的不明确之处在《规范》中予以明确。

2015年，经反复逐条研讨修订及全体成员单位审议通过，最终形成《中国银行业保理业务规范（修订稿）》（以下简称《规范

（修订稿）》），以规范银行业保理业务的开展和实施，共同维护健康良好的市场环境。为保证研究的客观性、可行性和权威性，12月初，保理委员会提请中国银监会有关部门从专业指导角度对《规范（修订稿）》进行审核，并认真研究复函的具体修订意见和建议。课题组将汇集各方面意见完成对《规范（修订稿）》最后的修改和完善工作，并推动其在2016年保理委员会年会上正式对外出台，有效指引我国保理业务市场更加合规、健康发展。

二、银行保理司法追偿中法律依据有待进一步明确

2015年，中国银行业协会保理专业委员会进行"应收账款融资业务相关法律问题"课题研究工作。研究共发现如下在法律方面尚待进一步明确的问题：第一，尚无关于应收账款内涵在法律层面上的明确界定；第二，在民事案件案由中无保理明确案由；第三，无针对应收账款转让通知的明确效力界定，如通知的主体、内容、方式等模糊不清；第四，法院是否可以合并审理有追索权保理纠纷尚不明确〔即保理银行可以同时向卖方追索（行使回购权），又向买方追索（行使债权）〕；第五，应收账款转让登记的平台和形式尚无法律上的明确。

为此，保理委员会在完成《关于中国银行业应收账款融资业务相关法律问题的建议及研究报告》初稿的基础上，于2015年11月5~6日，邀请到中国银监会法规部综合处处长徐文胜，最高人民法院民二庭法官李志刚，中国服务贸易协会商业保理专业委员会常务副主任兼秘书长韩家平，天津市高级人民法院原审判委员会专职委员田浩为等各方面专家，对课题报告进行了深入的研讨和修订，整理形成终稿《关于中国银行业应收账款融资业务相关法律问题的建议及研究报告》，并于11月中旬向最高人民法院民二庭及银监会法规部提交。该课题报告围绕"应收账款融资业务相关法律问题"研究背景及目标、应收账款法律内容问题、保理合同纠纷立案的案由

问题、保理合同纠纷的司法管辖权问题、应收账款转让通知的效力问题、保理纠纷中银行向原债权人、债务人同时追索的合并审理问题、保理纠纷中卖方保理融资担保问题、关于买方未按转让通知指定路径清偿的处理等方面进行了详尽的阐述和说明，并对相关法律问题提出有关政策建言，希望在相关司法解释中给予明确，对于推动有关机构尽早出台司法解释，健全保理业务和应收账款质押融资业务的法律体系，推动我国保理业务市场更加有序、规范的发展具有重要的积极作用。

三、对《商业银行保理业务管理暂行办法》存在解读不一的现象

面对银行保理业务的飞速发展，为促进商业银行保理业务健康发展，防控保理业务可能出现的风险，银监会专门针对保理业务出台了相关的政策法规。2013年7月，银监会发布《中国银监会关于加强银行保理融资业务管理的通知》，此后又于2014年4月正式下发了我国首个国家级监管层面专门针对保理业务的管理文件——《商业银行保理业务管理暂行办法》（以下简称《办法》）。《办法》旨在明确保理业务相关定义和分类，督促银行根据保理业务有别于普通流动资金贷款的业务特征、规律、管理及业务操作方式，健全完善保理业务管理制度，建立与业务规模和复杂度相适应的业务组织架构。

《办法》同时规定，在单保理融资中，商业银行除应当严格审核基础交易的真实性外，还需对卖方或者卖方一方比照流动资金贷款进行授信管理。各地商业银行在实际操作保理业务时，对上述政策的执行方式，包括保理业务是否需要对保理融资资金支付进行监督控制，即"受托支付"，理解不一。

综上所述，随着行业规范和法律依据的越来越完善，中国银行保理业务的发展会越来越好。

第三节　商业保理行业发展面临的政策法规问题

2015年，商业保理公司数量、业务规模延续2013年、2014年高速发展的态势，保持成倍增长，商业保理在服务实体经济、解决中小企业融资问题的作用逐渐得到相关政府部门的重视。在国务院、商务部印发的相关文件中多次提到要鼓励商业保理行业发展，试点地区商业保理管理办法、财政扶持政策也相应出台。商业保理作为现代服务业和新兴业态，多个地方政府均将其视为战略性产业，加快发展商业保理步伐。自2012年商务部印发《商务部关于商业保理试点有关工作的通知》以来，各地政府部门或相关商务部门均印发相关试点办法或优惠政策文件。目前，全国仅有海南、宁夏、甘肃、贵州4省区尚无商业保理公司或分公司设立。商业保理试点工作实际上已经在全国展开。

在行业快速发展的过程中，虽然国家和地方都已经在政策法规方面为保理应收账款发展制定了指引，但是目前商业保理在实务中仍有以下三方面的困境。

一、缺乏国家层面的统一指导

众所周知，目前商业保理公司客群的运行主要依赖于商务部出台的《商务部关于商业保理试点有关工作的通知》及基于此各地政府、商务机构所制定的商业保理公司管理办法、暂行办法等，但这些办法都是地区性质的，无法对于商业保理公司的发展有一个国家意义上的指导。商务部已就草拟的《商业保理企业管理办法》征求过意见，但至今仍未正式下发。商业保理行业的发展缺乏国家层面的统一指导。

二、商业保理公司/企业主体认定模糊

目前商业保理公司/企业主体认定仍然存疑，在公开可查询到

的商务部、地方政府、地方商务机构发布的通知、办法、指引等文件中，都无法清晰地看到对于商业保理公司/企业的行业属性认定。有的部门将其界定为金融行业、有的部门将其界定为类金融行业或金融创新行业、有的行业从业人员将自己所在的企业界定为金融机构，亟须相关部门就商业保理公司/企业主体进行明确认定。

三、存在重准入轻监管的现象

目前，各地出台的商业保理管理办法都是从商业保理的业务范围、准入门槛等角度制定相关细则，但是对商业保理公司的后续经营监管规定较少。例如，一些已注册的商业保理公司并未在商务部行业监管系统进行备案和数据的登记、未进行过商业保理行业的全面检查等。而且，注册在不同地区的商业保理公司，所面临的监管环境和监管政策也不相同，缺乏全国统一的监管标准，这在一定程度上不利于控制商业保理行业的行业风险。

综上，由于商业保理行业定位不清、监管缺失，造成一些商业保理公司业务模式出现偏差，竞相以"融资"作为主营业务甚至唯一业务，与行业内外的竞争对手进行恶性竞争，常常又因为资金来源匮乏而捉襟见肘，因为利润微薄而面临生存和发展的危机。

第四章
产品与业务模式创新

第一节　产业链金融与保理

一、产业链金融发展

进入2015年，互联网金融行业大浪淘沙、去粗存精已是不争的大趋势。在这个过程中，拥有产业链核心企业资源并为其上下游提供金融服务的互联网投融资平台大显身手，而缺少资源的平台将举步维艰，甚至面临出局的危机。在政策引导和行业竞争的内外因共同作用下，产业链金融走上了快速发展的征途。

或许今后，人们会把2015年称为产业链金融年，而互联网金融或许会像团购一样"销声匿迹"，但又无处不在——每家企业都在玩互联网金融，把互联网金融作为企业内部或集团内关联企业资产配置、转让再配置的一项常规手段。

二、产业链金融的六种运行模式

1.电商生态系统内融资模式。

此模式是在当前火热的电商行业中催生的一种新形态。电商平台通过自身掌握的大数据提供信用或抵押贷款，具有成本相对低、风险可控的特点。这种模式典型的代表就是蚂蚁金融、京东金融以及宜信与亚马逊合作的商家贷款等。

2. 核心企业上下游网络融资模式。

此模式引入核心企业信用，对核心企业的上下游提供授信。这是产业链金融最典型的融资模式，目前主要运用在汽车、钢铁等供应链管理较为完善的行业，这些行业的核心企业与上下游关系紧密，并有相应的准入和退出制度。

3. 银行物流合作融资模式。

银行与第三方物流公司合作，通过物流监管或信用保证为客户提供授信，合作形式包括物流公司提供自有库监管、在途监管和输出监管等，也可由物流公司基于货物控制为客户提供担保。银行借助物流公司的专业能力控制风险，还可通过与物流公司的合作发现并切入客户群，拓展业务空间。

4. 交易所仓单融资模式。

利用交易所的交易规则以及交易所中立的动产监管职能，为交易所成员提供动产质押授信的一种金融服务。该模式包括现货仓单质押融资和未来仓单质押融资两种形式。

5. 订单融资封闭授信融资模式。

这是银行利用物流和资金流的封闭操作，采用预付账款融资和应收账款融资的产品组合，为经销商提供授信的一种金融服务。

6. 设备制造买方信贷融资模式。

根据设备制造生产企业和下游企业签订的买卖合同，由银行向下游终端企业或经销商提供授信，用于购买该生产企业设备的一种金融服务。

三、产业链与保理的结合

与产业链金融的"1+N"和"N+1"相通，保理业务也有一个卖家对应多个买家，或者一个买家有很多卖家，而且保理业务是非常适合中小企业的融资工具，同时与现代电子商务、互联网金融可以紧密结合。可以说，保理是最适用于产业链金融的金融产品。

　　产业链保理的未来发展方向将逐步专注到细分的行业领域，甚至专注到垂直的细分领域，然后严格控制产业链中涉及的企业风险，为相对优质的客户提供保理综合金融服务。在此发展过程中，互联网技术也将发挥重大的作用。

　　随着"产业链+互联网+保理"的研究与应用不断深入，核心龙头企业通过互联网平台与金融机构结合起来，不断探索创新形成新的融资模式以适应市场变化。保理业务的信用额度审核、业务管理、风险管理等方面也将迎来巨大变革。保理商通过与第三方机构合作，可以共享网络和客户资源，实现优势互补、开拓业务疆域。但在具体合作过程中，无论是业务管理办法还是操作细节，均需进行磨合和细化。例如，在项目前期的联合尽职调查中，由于双方的出发点和调查角度等会有所不同，应当本着求同存异的原则进一步磨合；对于涉及贷后管理工作，各方也需要在管理客户的贷款资金运用、现金流、过程管理等方面加强合作；对于需要定制化产品的客户需求，应当建立有效的沟通机制，以免信息不对称和失真。对于城市商业银行而言，金融产品或服务正不断向下游市场渗透，这一方面源于高大上的市场空间在逐步缩小，另一方面中小企业的市场价值正不断增大。融资客户的中小型化，势必需要与之匹配的融资方式和业务模式作为配套跟进，以满足中小企业的真实需求。

　　近年来，我国的商业保理业务呈现高速发展态势，在资产杠杆率的限制之下，大量商业保理公司将存在资产转让需求，而对接产业链的中高收益保理资产更加易于实现这一目的。产业链核心企业集聚了大量信息，因此很容易甄选出优质的上下游，给投资人或者贷款机构提供优质的资产。同时作为把握流量入口的商业保理公司，也能够很好地将优质资产销售给广大投资人。因此，这部分商业保理公司成为产业链的金融中介，在未来的市场竞争中，牢牢掌握控制产业链客户资源，不断强化在数据获取、互联网技术、授信方式方面的优势，在未来的行业格局中将处于金字塔尖位置。

第二节　国内双保理

近年来，随着我国经济的不断发展，国内贸易规模不断扩大，企业间赊销形成的应收账款总额增长较快。盘活流动资产、改善企业经营现金流的保理业务越来越受到企业的青睐，但我国目前开展的国内保理业务主要以单保理为主。随着市场的不断发展，国内双保理业务需求日益增长。

一、国内双保理模式的优势

首先，双保理模式有利于及早发现贸易欺诈。近几年，国内业务中欺诈风险频发。在很多案例中，由于买方在异地或者并非卖方保理商的客户，卖方保理商一旦省去一些较难实现的实地控制环节，就会直接导致卖方保理商对贸易背景的失控。所以在双保理模式下，两家保理商可以合作分别控制买卖方风险，有效提高风控效率，降低风控成本。

其次，双保理模式有利于突破异地营销以及异地授信政策的限制。虽然国内业务受地域限制的影响相对较小，但中国地域广阔，异地营销与维护成本较大，而且各家保理商的客户结构与专长优势也不尽相同。在这种情况下，两家保理商的合作需求和互惠基础应运而生，尤其可以帮助一些保理商突破其内部的异地授信政策限制，实现业务的迅速向外拓展。

最后，双保理模式有利于实现资源的有效配置。融资是国内保理业务的核心功能，然而各家保理商的资金成本有高有低。在双保理模式中，两家保理商可以合理调配资金，实现利益共赢。此外，双保理在人力、物力、财力方面都可以实现更为高效的资源配置。

二、国内双保理模式

（一）GRIF规则下国内标准双保理

国内两家保理商签订协议，由卖方保理商对卖方提供保理预付款融资等服务，由买方保理商提供买方信用风险担保，并负责应收账款催收与管理，业务操作流程参照国际双保理，其他未约定事项按GRIF要求执行，或按照GRIF业务原则拟定补充协议。

在这种模式下，如卖方保理商对买方没有授信，可以与对买方有授信的买方保理商合作，为卖方提供更为全面的服务，并降低自身的风险资本占用，而买方保理商则可以盘活买方的闲置授信，两家保理商都可以通过此模式扩大业务机会。虽然卖方保理商仍需承担商业纠纷、欺诈等风险，但由于买方保理商的介入，应收账款转让通知及核实工作可以更为有效地开展，卖方保理商能够及早发现商业纠纷或欺诈的蛛丝马迹。此模式也是解决卖方保理商异地授信限制政策的有效方法。

由于GRIF并不完全适用于国内，同时国内商业纠纷和欺诈发生的可能性较大，此模式也存在一定的局限性。另外，卖方保理商担心同业竞争，在选择双保理模式时有所顾及，而买方保理商拥有买方授信，对卖方保理商依赖度很低，加之双保理模式下多方的法律关系相对复杂，导致双保理合作的意愿并不强烈。

（二）买方确认无商纠的双保理

针对前种模式中由于国内信用环境与法律环境所引发的问题，买方确认无商业纠纷的双保理模式更易于被双方保理商接受。买方确认无商业纠纷的双保理模式是指，买方保理商受让应收账款后，基于买方确认没有商业纠纷，而向卖方保理商担保买方信用风险及商业纠纷，相当于承担到期无条件付款责任。保理商之间可签署相关保理协议进行业务合作，并在每笔业务发生时通过报文来确认商业纠纷或付款责任情况。

此模式中，买方保理商承担了到期无条件付款责任，双方责任边界非常清晰，卖方保理商无须担心商业纠纷甚至贸易欺诈，几乎可以按照低风险业务来为卖方提供保理预付款融资，风险资本占用大为降低。

此模式与前种模式一样可广泛应用于供应链业务，特别是核心企业在某地，而供应商分散在全国各地的情况。买方保理商与核心企业存在授信关系，使确认应收账款、承担买方信用风险甚至承担商纠风险成为可能。因为受制于异地授信政策，买方保理商在供应链业务中对供应商的批量开发往往需要借助于卖方保理商。此外，由卖方保理商提供保理融资，也可减轻买方保理商的资金压力。

三、银团保理

银团保理将银团理念引入保理业务中，将银团贷款的筹组方式与保理业务有机结合起来，由保理业务的受理行作为牵头行，与经营保理业务的银行同业，按照信息共享、独立审批、自主决策、风险分担的原则，基于相同条件、依据同一融资协议，按约定时间和比例，共同向保理申请人提供授信及保理融资，以分散授信风险、推动银行同业合作。由此可见，银团保理与双保理不尽相同，但相互之间仍有共通之处。

参照银团业务，银团保理的主要成员有牵头行、代理行、参加行。牵头行是经保理申请人同意、发起组织银团的银行，是银团保理的组织者和安排者；代理行是银团保理协议签订后，负责应收账款转让、登记工作，按协议确定的份额归集资金向保理申请人提供保理融资，并接受银团委托按协议规定职责对银团保理融资进行管理的银行，可由牵头行担任，也可由其他银团成员担任；参加行是指接受牵头行的邀请，参加银团保理并按照协议确定的份额向保理申请人提供保理融资的银行。

近年来，国内保理市场发展迅速且前景广阔，银团保理作为其中的创新业务，不仅可以充分发挥保理融资功能，很好地满足客户的项目融资需求，还可以通过多重风险分担和安排，保障各方权益，也在资产负债业务、综合收益、客户关系等方面给银行带来可观的综合效应。从银团贷款占一般企业贷款的份额来看，国内银行对银团业务的接受度也逐年提高，这些都为银团保理业务的发展奠定了基础。

四、国内双保理最新发展与展望

由于双保理业务的法律关系较为复杂，业务流程也较目前普遍开展的单保理业务流程区别较大，为进一步规范行业内双保理业务的业务流程和权利义务关系，中国银行业协会保理专业委员会在第三届第二次常委会上决定，由中国银行业协会牵头制定《银行间国内双保理业务合作协议》，并通过银行业协会官方渠道发布，使之成为我国银行间开展国内双保理业务的示范性文本。

《银行间国内双保理业务合作协议》的发布，对国内双保理业务的发展起到巨大的推动作用，多家银行已开始沟通并加快推进国内双保理业务的开展。目前，国内银行信用已基本建立，银行同业合作非常顺畅。只要银行同业能够达成基本共识，双保理在国内将有巨大的发展空间。

第三节 自贸区保理

一、最新政策

（一）区域扩展

2013年9月，我国大陆境内首个自由贸易试验区在上海成立。在上海自贸区成功运行一年后，国务院决定在天津、广东、福建设立第二批自由贸易试验区。总体方案经中共中央政治局审议通过后，天津、广东、福建三地自贸区于2015年4月21日同时挂牌成立。自此，我国四个自贸区统一适用《自由贸易试验区外商投资准入特别管理措施（负面清单）》，共同探索中国对外开放的新路径和新模式，推动全国经济发展。

（二）《关于支持自由贸易试验区创新发展的意见》

2015年8月25日，商务部发布了《关于支持自由贸易试验区创新

发展的意见》（商资发〔2015〕313号），其中，第十三条直接谈及商业保理业务，第十五条、第二十条则与可兼营商业保理业务的融资租赁公司息息相关。意见的发布又一次将公众视线聚集到自贸区保理，也将作为指导方向引领自贸区保理新一轮的发展。

第十三条规定："支持自由贸易试验区开展商业保理试点，探索适合商业保理发展的外汇管理模式，积极发展国际保理业务，充分发挥商业保理在扩大出口、促进流通、解决中小企业融资难等方面的积极作用。"

（三）财政支持

2015年11月12日，上海市浦东新区政府出台《浦东新区支持商业保理发展财政扶持实施意见》，此《意见》对上海自贸区内商业保理公司在办公用房、保险、企业评级、高管激励、从业人员培训等方面提供优惠补贴政策。

11月16日，福建自贸区也出台了《关于支持福建自由贸易试验区跨境电商、保税展示交易、转口贸易、商业保理等重点业态发展的若干措施》，对福建自贸区内商业保理公司在拓宽融资渠道、培育龙头企业、拓展国际保理业务三方面给予相应的财政支持。

（四）融资租赁兼营经验推广

为推动融资租赁行业快速健康发展，商务部决定将上海自贸区融资租赁行业改革试点经验在全国范围内推广，允许各自贸区内融资租赁公司兼营与主营业务有关的商业保理业务，融资租赁公司设立子公司不设最低注册资本限制。

福建自贸区于2015年5月8日出台了《商业保理业务试点管理暂行办法》，天津自贸区于2015年8月4日起重新界定融资租赁行业的营业范围，先后明确自贸区内设立的内外资融资租赁公司可以兼营与主营业务有关的商业保理业务。

允许自贸区内融资租赁公司经营商业保理业务，对融资租赁本身和商业保理都是有利的，两者的结合可以丰富产品服务组合，为融资租赁行业解决资金问题，从而更好地为实体经济服务。

二、业态前沿

（一）银行保理

自贸区保理业务同样以银行保理为主，而面对自贸区内企业逐渐旺盛的融资租赁需求，银行保理的主要业务领域和创新服务方案也相对集中于融资租赁行业。

1. 浦发银行"银租保"与民生银行"银租通"。

浦发银行在2014年推出三方联动跨境"银租保"业务，承租人授信行承担承租人无故拖欠、破产倒闭等信用风险；出租人管理行负责租赁公司离、在岸联动保理业务授信的发起及审查审批工作；保理融资行负责融资款项的发放。

与"银租保"略有不同，民生银行的"银租通"业务赋予了自贸区分行出租人管理行和保理融资行的双重身份，这是因为自贸区分行即使是管理自贸区内租赁公司，也具有一定的资金优势。将两种身份集于自贸区分行一体，可以达到简化产品结构、优化业务流程、防范操作风险的效果。

此类业务模式可以为承租人盘活固定资产，同时，银行提供低成本资金从而降低承租人的融资成本。另外，此类业务也可帮助融资租赁公司拓宽客户渠道，而借用银行信用和自身外债额度的方式更有助于其获取无风险收益。

2. 交通银行银团保理。

2015年8月，交通银行与中国银行作为联合牵头行，中国邮政储蓄银行、兴业银行、上海农商银行、上海银行、光大银行、北京银行和浦发银行为参与行，共同通完成中电投融和融资租赁有限公司的国内保理银团签约。

自贸区银团保理方案充分利用了自贸区资金优势，满足了融资租赁公司大型项目的资金需求，契合了融资租赁项目的期限，有

效降低了承租人的融资成本。交通银行在自贸区银团保理的成功尝试，是自贸区保理领域的创新实践，标志着银团合作自贸区保理新模式已开启帷幕，为融资租赁企业进一步拓宽融资模式、优化融资结构开创又一新河。

3.平安银行布局广东自贸区。

平安银行的离岸、保理、跨境结算三大业务中心正式进驻广东自贸区，成为广东自贸区南沙新区片区首批启动的十大重点项目之一。

平安银行此举正是看重了自贸区未来的金融创新和发展，通过积极主动的布局，在广东自贸区着力打造自身的离岸金融创新平台、自贸区商业保理及融资租赁平台以及跨境结算、资金归集平台，同时有效对接国家的"一带一路"战略，促进广东与21世纪海上"丝绸之路"沿线国家和地区的贸易往来和投资合作。

（二）商业保理

尽管受到种种因素制约，自贸区商业保理业务仍处于起步发展阶段，但在国家以及地方政策的鼓励支持下，区内商业保理公司成立数目逐年剧增，并日益活跃在保理业务领域。

1.自贸区商业保理行业协会纷纷成立。

2015年1月，上海浦东商业保理行业协会、天津市商业保理协会、广东省商业保理协会先后成立。其中，上海浦东商业保理行业协会是国内首个注册在自贸区范围内的商业保理行业协会。上海浦东新区副区长简大年说，商业保理行业协会的成立，顺应了自贸区让社会力量参与市场监督的管理方式转变。协会将协助企业报送托管资金运作情况等信息，并配合政府对投资者资格、从业经历和内部风控等方面进行评估辅导。此外，针对行业人才队伍严重短缺的问题，协会将与上海金融学院合作，将在国内率先开设商业保理本科专业。

行业协会的成立将促进各自贸区内商业保理行业健康可持续发

展，有助于提升商业保理行业整体管理和服务水平，对商业保理行业的发展将起到正面积极的作用。

2. 天津自贸区搭建两岸商业保理合作平台。

作为国内首批商业保理试点地区，天津市政府在促进商业保理行业发展方面作出了许多努力和尝试，政策支持力度一直处于国内领先地位。借助天津自贸区成立的契机，天津着力打造两岸金融合作平台，吸引了越来越多的台湾商业保理公司进驻自贸区，为国内商业保理行业注入新鲜血液的同时，也引进了台湾先进的行业经验。

接下来，天津将根据保理实务发展的需要，进一步完善法律制度和配套措施，切实促进商业保理业务的发展。

3. 前海法院发布涉自贸区商业保理判例。

为了促进自贸区商业保理的健康、良性发展，为自贸区市场化、法治化、国际化的经商环境提供司法保障，前海法院发布了国投保理与天谷公司保理合同纠纷案判例，对"暗保理"给出了支持的司法态度。

截至2015年底，广东自贸区注册成立的商业保理公司数量已突破1 600家，位列全国之首，注册资本总额超过1 248亿元人民币，业务总额约为510亿元人民币。此次案例发布具有非常深远的现实意义，保护了自贸区内商业保理公司的合法权益，提振了商业保理行业创新业务模式、服务实体经济的信心。

三、自贸区保理展望

上海与天津是国内首批商业保理试点地区，也先后挂牌成立了自贸区，因此两地自贸区保理发展最具代表性。但从两地实践经验来看，在优惠政策的鼓励下，自贸区内融资租赁与商业保理公司成立数目激增，鱼龙混杂的现象非常严重。在业务方面，由于外汇政策的限制，目前自贸区保理公司难以开拓国际保理业务，同时还面临融资渠道紧缺、配套政策不完善、风控团队有待加强的三大难

题，导致出现大量无业务的"壳公司"。

在解决上述所有问题前，区内商业保理业务的发展格局将难以全面打开，"自贸区保理"这一命题仍将以银行保理为主，业务领域将主要围绕融资租赁行业。在天津等地自贸区挂牌成立后，商业保理行业的活跃程度大幅提高，新鲜血液与先进经验的引入将自下而上地推进诸多问题的解决进程，自贸区保理格局的破冰之日有望早日到来。

第四节　租赁保理与工程保理

租赁保理和工程保理是保理产品在租赁和工程行业的个性应用，两者都有着融资金额大、付款期限长、行业特殊性强等特点。伴随近年宏观经济波动与商业银行风险偏好变化，租赁保理和工程保理在国内保理业务中的占比逐年增加，地位越发重要。鉴于此，本节特对以上两种保理产品进行专门介绍。

一、租赁保理

（一）产品概述

租赁保理是将租赁行业与保理相结合的综合性金融产品。在租赁公司与承租人形成租赁关系的前提下，租赁公司将租赁合同项下应收租金转让给银行，银行向租赁公司提供包括应收租金融资、应收租金管理、账款催收以及坏账担保等在内的综合性金融服务后，作为债权受让人获得了到期向承租人收取租金的权利。根据银行是否承担坏账担保，租赁保理业务可分为有追索权租赁保理和无追索权租赁保理。

（二）模式分析

2015年，我国经济进入转型期，经济下行压力加大，然而融资租赁业务却逆势上扬。据统计，截至2015年底，全国融资租赁企业总数（不含单一项目公司、子公司和收购的海外公司）超过4 500家，比2014年底增加近2 000家；融资租赁合同余额超过4.4万亿元人民币，同比增长约37.5%。

租赁保理业务因其资金规模大、期限长的特点，以银行保理为主。由于租赁业务本身有多种模式，对应保理业务的切入点和风险承载主体也各不一样，因此有以下两种分类方式和六种细分模式：

1. 按租赁业务类型分类。

（1）直接租赁保理业务。

直接租赁项下，租赁公司应承租人委托用自有资金或筹集资金，向指定供货商购进承租人所需的设备，然后再租给承租人使用，并按照租赁合同向承租人收取租金。此模式对租赁公司自身的资金实力要求较高。

在直接租赁保理业务模式中，租赁公司将其对承租人的应收租金转让给银行，从而获得融资，使其快速扩张业务规模。

（2）厂商租赁保理业务。

厂商租赁是直接租赁的一种变形，是由供货商（核心企业）发起的租赁业务，供货商通过其下属/关联租赁公司（或指定的租赁公司）主动为终端客户提供融资租赁服务，可有效提升其市场竞争力。

在厂商租赁保理业务模式中，通常是由供货商与银行签订"总对总"协议，并承担回购责任，租赁公司将租赁合同项下应收租金债权转让给银行，从而获得融资。

（3）售后回租租赁保理业务。

售后回租项下，承租人为获得融资或改善报表，将其自有资产出售给租赁公司，同时与租赁公司签订融资租赁合同，再将该资产从租赁公司租回，按期向租赁公司支付租金，租赁期满后以名义价格重新购回该资产。

售后回租实现了承租人实物资本与货币资本的灵活转化，为承

租人企业开辟了一条融资新渠道。因此，在售后回租租赁保理业务模式中，银行为租赁公司提供的保理融资，实质上最终是为承租人提供融资。

2. 按风险承载主体分类。

（1）以租赁公司作为实际风险承担者。

此模式下，租赁公司须具备相对较强的总体实力，符合银行一般授信条件，在具体业务方案及授信审批中主要考虑租赁公司自身的情况，弱化对承租人的审核和要求。此模式主要以厂商租赁或者经营租赁为主，因此租赁公司授信方式以核心企业授权为主，或以核心企业承担连带责任担保。

（2）以承租人作为实际风险承担者。

承租人是租赁合同的债务人和应收租金的实际付款人，因此，此模式的关注重点是承租人，在一定程度上相对弱化、降低了对租赁公司的授信要求。银行通过债项风险控制，即在充分考虑总体业务方案结构、有效控制承租人风险的前提下，为租赁项目提供融资。此模式主要针对大型优质承租人开展的售后回租或直接租赁项目。近年来，一些租赁保理创新业务中，银行凭借承租人的授信额度为具体租赁项目审批额度，市场潜力非常巨大。

（3）租赁公司、承租人及租赁项目相结合。

在实务中，多数租赁业务仍然无法适用于上述两种模式，租赁公司或承租人均无法单独作为实际风险承担者。为了兼顾市场需求和内控要求，银行会综合考虑租赁公司、承租人及租赁项目，根据实际情况设计保理业务方案，对租赁公司、承租人制定相应的风险防范措施，从整体业务方案衡量风险、审批额度并提供融资。

二、工程保理

（一）产品概述

工程保理是工程行业与保理相结合的综合性金融产品。在承包人根据工程合同约定完成施工进度并形成应收账款的前提下，承包人将应收账款转让给银行，银行向承包人提供包括保理融资、应收账款管理、账款催收及坏账担保在内的综合性金融服务后，作为债权受让人获得了到期向发包人收取工程结算款项的权利。

同样，工程保理根据银行是否承担坏账担保责任，也分为有追索权工程保理和无追索权工程保理。

（二）模式分析

在工程建设过程中，由于工程量大且工期较长，大量工程垫款对承包人形成巨大的资金压力。然而承包人在银行获取融资也并非易事，常常面临抵（质）押担保落实、融资放款时效等诸多问题。工程保理为承包人提供了一种理想的解决方案。在保理的介入下，承包人将工程项下应收账款转让给保理商，从而获得融资，缓解自身资金压力。

在实际操作中，工程保理可根据具体项目要求，量身定制"非标准"的保理产品。保理产品方案所具有的个性化和灵活性正是传统的信贷工具所缺乏的，而通过各种方案设计，保理产品可以最大限度地满足工程项目在工期、付款条件等方面的特殊要求。

需要注意的是，为了防范信用风险、降低收回工程款项的不确定性，保理商要对承包人、发包人、工程项目、资金用途及还款来源等方面进行全面深入的调研。此外，因工程类型、地域的不同，基础合同条款也会存在很多不同，保理商在选择项目时须严格审核合同条款，确保保理产品适用、业务合法合规，规避操作风险。

第五节 保理资产证券化

一、商业保理公司实践

近年来，商业保理公司在保理资产证券化领域大胆尝试，作为发起人，将筛选出的保理资产转移给资产支持专项计划（SPV）进行信用增级，通过结构化安排方式、证券化设计后打包形成信托计划或专项资管计划，通过交易平台发行募集资金。2015年5月，上海摩山商业保理有限公司作为发起人、恒泰证券作为计划管理人的"摩山保理一期资产支持专项计划"成功发行，并于7月21日在上海证券交易所挂牌转让，摩山保理一期发行总规模为4.38亿元人民币，其中，优先A级1.31亿元人民币，优先B级2.63亿元人民币，次级规模0.44亿元人民币，由摩山保理全额认购。产品期限为3年，其中前两年为循环期，最后一年为分配期。摩山保理一期是首款以保理融资债权为基础资产的资产证券化产品，它的出现丰富了商业保理公司的融资渠道及服务方式。

与银行贷款相比，通过保理资产证券化方式获得的资金属于商业保理公司的自有资金，可以缓解商业保理公司资本压力，而且资金使用更为便利。通过资产证券化，可以盘活商业保理公司存量保理资产，优化资产负债结构，降低行业和区域集中度，提高资产配置效率。此外，商业保理资产证券化属于直接融资方式，直接对接资本市场，有利于提升企业的品牌效应，拓宽企业的融资渠道，提高企业的综合议价能力。以摩山保理为代表的商业保理公司资产证券化产品的成功发行，激励了更多商业保理公司在资产证券化道路探索，为商业保理资产证券化的发展打好了基础。

二、银行实践

（一）银行信贷资产证券化

2015年初，随着《中国银监会关于中信银行等27家银行开办信贷资产证券化业务资格的批复》发布，国内商业银行获得了开办信贷资产证券化业务的资格。信贷资产证券备案制的实行标志着信贷资产证券化批量核准的实质性启动。

借助信贷资产证券化，银行可以将缺乏流动性的贷款类资产转化为标准化、证券化的金融工具，有效提升资产流动性、优化资产结构、转移基础资产风险。此外，在资产证券化的过程中，银行一般还充当了贷款管理机构和资金保管机构等角色，可以相应收取管理费用，从而增加中间业务收入和资本回报率。正因为上述诸多优点，银行经营模式正从资产持有型向资产交易型转变。

作为一类银行信贷产品，保理依托期限较短的应收账款具有了缓释风险的特质。但传统保理具有金额小、融资期限短等特点，在证券化方面存在一定的技术难度，成功先例不多；随着国内保理扩展到租赁、工程等行业，保理资产证券化也将成为银行信贷资产证券化的重要组成部分。

（二）另辟蹊径的民生银行安驰产品

除了信贷资产证券化产品，银行还可以为企业应收账款资产证券化提供专业服务和产品支持，极具代表性的就是民生银行推出的"安驰资产支持专项计划"。

"安驰资产支持专项计划"于2015年6月2日通过深圳证券交易所审核，一次性获得10支产品符合挂牌条件无异议函，总体规模200亿元人民币，首笔发行规模为9.14亿元人民币，主要资产为保理应收账款。在"安驰资产支持专项计划"中，民生银行实现了基础资产交易结构标准化、资产转让服务标准化、运营管理标准化。按照该计划的交易结构，民生银行承担了原始权益人代理人、付款保障提供方、托管行和资产服务机构等多个角色，基础资产在产品维度涵盖了包括银行保理在内的三大贸易金融产品项下的应收账款债权，同时也在行业维度涵盖了贸易、工程、租赁三大领域中的应收账款债权。

在"安驰资产支持专项计划"中，民生银行还突破了单笔项目操作的局限，借助标准化运作，通过分支机构集中全国范围内客户的应收账款资产，通过一系列的结构设计和流程、管理安排，构建了批量发行资产支持证券的交易模式，有效解决了贸易融资操作效率要求和证券化审批流程的矛盾。该产品的成功发行在行业内开创了一种全新的交易银行商业模式，不仅为客户提供了低成本的资金来源，也为投资者提供优质的投资标的，同时，因为商业银行为基础资产增信使得众多实体企业可以借助民生银行作为资产服务机构而发行证券化产品，真正实现了多方共赢。

三、保理资产证券化展望

2015年，我国资产证券化市场发展提速，成为中国金融市场的一大亮点。毫无疑问，资产证券化是金融市场成熟的重要标志，是激活企业存量资产、提高资金配置效率的重要工具，也是实体企业和金融企业转型发展的有效选择，有助于企业提升自身的市场竞争力。

不过，目前中国证券化市场的资产类型主要集中于期限较长的信贷资产，包括一般的企业中长期贷款、汽车消费贷款、融资租赁贷款等，而贸易融资类信贷资产的证券化几乎没有；另一类资产类型是企事业应收账款，多集中于融资租赁公司应收租金等。贸易产生的应收账款，由于具有"回收时间点灵活"、"回收金额易变动"、"回收形式多样化"等特点，在资产证券化进程中仍面临着一些技术壁垒，因而此类资产的证券化产品成功发行的先例不多。

随着资产证券化市场的不断发展，对贸易融资类信贷资产证券化的研究不断深入，保理资产证券化或将在不远的未来逐步突破制约瓶颈，真正打开快速发展的新格局。

第六节　电子保理业务创新

一、电子保理的发展

随着互联网信息技术的创新和电子商务的发展，大数据时代给银行提供颠覆性的统计分析能力和物流跟踪技术，对保理业务模式带来深远的影响，并推动电子保理业务的发展和升级。

（一）电子保理系统

电子保理起始于保理业务系统的电子化，即以信息化平台为依托的保理业务。电子保理系统的基本功能包括：

1.内部业务架构管理功能。包括经营机构和系统用户的设置与维护。

2.业务操作与管理功能。业务操作层面包括业务发起、审核与放款，授信额度管理，应收账款管理、转让与反转让，还款、催收、争议处理等；业务管理层面包括业务权限设置与维护，业务参数设置与维护，业务额度管理，业务统计与账务管理等。

3.风险管理功能。对业务逾期等风险异常情况可及时预警提示，便于后台监测人员对应收账款质量进行动态管理。

4.系统交互功能。保理系统应具有延展性，即内部与会计系统、信贷管理系统等系统对接，外部与客户信息系统、保理商系统、监管相关系统对接。

（二）电子保理的优势

与普通保理相比，电子保理具有以下优势：

1.业务办理流程简化。业务经办人员可直接在系统内发起业务流程，通过无纸化办公提升业务审核和资金发放的速度。以系统的方式将业务处理的环节固化，一方面可以确保业务审核的要素不被遗漏；另一方面也可以降低业务处理的操作风险。

2.业务管理效率提高。电子系统可以有效提高业务的数字化程度，一方面可以通过参数调整、额度控制、权限设置等方式把控业务办理的层级及相应的权限，并确保可被准入的业务符合银行的风险偏好；另一方面可以通过对客户、应收账款、资产质量及收益水平等业务要素进行统计分析，确保业务发展符合现行经营策略，且便于根据市场需求进行动态调整。

3.风险管理更加便捷有效。银行可在保理系统中嵌入风险预警模块或直接与后台风险监测系统对接，及时识别和发现风险，并采取

相应的处置措施：一方面可以进行常态化的分析监测，如按客户的行业、规模、区域等要素对客户进行风险排查分析；另一方面根据突出的风险因素对特定客户类别的客户进行专项监测。

（三）电子保理的发展

随着保理业务的发展，电子系统的功能不再局限于银行内部的业务处理，而是与客户对接实现信息流、物流和资金流共享的平台。银行、保理基础交易买卖双方、物流中介等多方的数据被整合到电子保理平台当中，基础交易的达成、应收账款的形成和确认、客户的服务和融资需求都可以直观地反映到系统当中，银行则可以快速响应。

首先，通过系统直连的方式，贸易双方可以共同维护应收账款数据，其中一方将应收账款录入并经另一方确认后应收账款即可生效并进入融资流程，节省信息传递成本，大大降低了双方应收应付款的管理难度。

其次，保理融资申请可在线上发起，保理商确认申请后可以线上全流程操作批量处理，提高业务效率。同时，买卖双方可实时获知业务进程，加速企业资金周转，提高企业现金流预测的准确性和财务管理的效率。

最后，通过逾期提醒等功能可帮助企业及时归还资金避免技术性违约。

二、电子保理业务新模式

随着企业竞争的加剧和产业组织分工的调整，产业经济领域中开始出现以某一强势企业为核心的供应链生态，其上下游分布着众多承担配套加工、销售的中小企业群。依托于核心企业和供应链的电子保理业务是近年电子保理业务的重要方向。在这一模式中，核心企业通过对信息流、物流、资金流的控制，将供应商、制造商、分销商、零售商，直到最终用户连成一个整体的功能网络结构，为保理商办理保理融资提供了必要的客户基础、系统基础；保理商依托于核心企业提供的增信支持，提供电子保理服务。

就保理业务而言，保理业务不仅依托于融资客户（即卖方）自身的资信状况，还有赖于其交易对手（即买方）的偿付能力，因此保理业务自身就带有供应链的属性。这一特征也使电子保理成为供应链融资方案的核心工具。

供应链项下电子保理服务的基本特征如下：

1.服务整体性。供应链项下电子保理以核心企业上下游客户群为整体服务对象，服务模式的匹配、服务标准的设定均以供应链整体价值最大化为目标。保理商要将核心企业、供应商、经销商、物流商等各个主体置身于产业链分工环境，来把握这些主体所承载的分工职能、运营特点、价值贡献和金融需求，从而提供基于多元客户结构的整体性保理服务。

2.服务标准化。在同一供应链下，保理商各参与机构和人员都能按照统一的服务理念、标准化的服务方案和作业流程开展相关工作，提升单位边际产出效率。

3.业务运营协同性。保理商在开展供应链金融服务过程中，涉及跨机构、跨部门和跨层级的交叉协作问题。保理商内部的协同性决定了供应链保理服务的整体性和标准化水平。

4.服务时效性。供应链金融是解决实体经济在供产销环节下的短期资金周转需求，因而具有显著的"流量化、短周期、多频率"运营特征。一旦保理商无法保障资金供给效率，就会对供应链的持续稳定运转产生负面影响。

供应链项下电子保理业务逐渐呈现出全线上特征，即保理商与供应链核心企业和上下游企业通过银企互联、网银等渠道进行电子化贸易信息交互，企业间交易行为、基于交易项下应收账款的保理业务发起和办理均在线上操作：线上快速签约，全天实时自助操作融资，银行快速业务处理，实时放款并支持可融资额度下随借随

还、按日计息，系统平台自动管理，从而使得企业的运营成本和融资成本大大降低。

网络经济的发展为电子保理业务带来了新的空间。电商平台和大宗商品线上交易平台的兴起，带动了大量企业将交易搬至线上，同时为众多中小企业提供了广阔的市场空间。这些企业的交易数据和物流信息都沉淀在线上交易平台上。通过对线上交易数据的挖掘，银行可以对企业资质进行鉴别，进而利用自身的线上线下渠道提供保理融资和其他服务。

三、电子保理展望

保理商利用基于特定商业生态环境下的物流、信息流和资金流闭合模式，可以充分利用供应链在信用风险转移配置方面的优势，通过ERP系统对接，完善保理系统在订单在线提交、信息在线查询、应收账款线上确认、融资线上全流程操作、融资回款一体化等方面的功能，创建全新的保理生态。同时，借助供应链电子保理模式，保理商可以更深层介入企业产业链运营生态，更好地把握企业融资需求。

未来，保理商将深度介入企业的经营，利用电子信息技术挖掘企业交易信息流，在充分评估风险的基础上以保理融资润滑企业的运作。

第七节　银行保理与商业保理业务合作模式

国内银行与国外商业保理公司合作保理业务由来已久。近年来，国家不断扩大商业保理试点区域，各地相继出台政策大力扶持商业保理业务发展，国内商业保理公司规模持续壮大，与银行之间的业务合作日益深入。

一、合作基础

与银行保理商相比，国内商业保理公司在市场细分、客户服务、数据处理等方面形成了独有的优势。尽管国内商业保理行业积极开拓各类融资渠道，但总体来看，资金仍是制约商业保理行业发展的瓶颈。正是这些优势与劣势成为了银行与国内商业保理公司合作的基础。

（一）市场细分

与银行不同，商业保理公司往往更专注于某个行业或领域，尤其是直接服务于集团平台的商业保理公司，通过对细分行业的纵向挖掘和产业链的深度渗透，更加细致地了解行业情况、交易特点、业务流程，并在广泛收集行业数据的基础上，有效提高风险分析、辨别和控制能力。这也使得商业保理更贴合保理业务的本质，即更看重对应收账款质量的评估，真正做到区别于传统的信贷方式。

（二）客户服务

在细分市场的基础上，商业保理公司进一步细分客户群体。借助自身的专业优势和科技优势，商业保理公司以客户需求为导向，更具针对性地进行系统开发，改革传统业务模式，简化业务操作流程，为客户提供快捷便利的客制化金融服务，同时有效地防范业务风险。商业保理公司为满足客户需求所作出的努力，还体现在其更好的灵活性和联动性，从而真正地实现了双赢。

（三）数据处理

由于专注于特定行业和客户群体，商业保理公司对数据的收集处理更加高效，这为进一步的风险分析与防范奠定了坚实的基础。值得注意的是，许多商业保理公司已经开始探索大数据的应用，借助数据库技术，对交易数据进行及时全面地收集、监控、分析和挖掘，建立对特定行业和客户群的整体信用风险评估模式，很好地实现了风险的监控和管理。

（四）资金渠道

为了充分发挥政策优势和资金杠杆，商业保理公司不断地探索多元化的融资渠道，如P2P、资产证券化、保理资产转让平台、"新三板"上市、定向理财计划、专项资产管理计划等。但对一些背景实力较强的商业保理公司而言，银行贷款仍是最主要的融资渠道。

二、合作模式

（一）双保理模式

双保理模式广泛运用于国内银行与国外商业保理公司之间的国际保理业务。由于国内商业保理公司整体发展水平仍然处于起步阶段，管理水平也参差不齐，且归属商务部管理，银行目前仍无法将其认定为金融同业进行授信管理。

2015年3月17日，中国人民银行天津分行、天津市金融局、天津市商务委联合发布《关于做好融资租赁公司和商业保理公司接入人民银行企业征信系统有关工作的通知》（津银发〔2015〕94号）（以下简称《通知》），允许融资租赁和商业保理公司接入人民银行企业征信系统并上传数据。《通知》充分说明了政府在积极调整对商业保理公司性质的认定。有理由相信，随着自身实力的不断增强，国内优质商业保理公司的金融同业身份将被逐渐认可。

（二）再保理模式

再保理是国内银行与商业保理公司最主要的业务合作模式。在再保理模式中，商业保理公司将其提供保理服务而获得的应收账款债权再次转让给银行，通过对基础资产质量、商业保理公司信用及管理水平、买方信用及配合意愿等因素的综合考量，银行可为符合条件的优质项目提供无追索权再保理，最大限度地为商业保理公司提升债权资产流转效率。

再保理模式的运用非常灵活，其核心功能在于借助银行融资为商业保理公司补充营运资金，因此在国内外，该模式都有广泛的市场应用。国内较具代表性的是平安银行的"保理云平台",通过"平台业务综合管理系统为商业保理公司提供线上业务管理、系统对接、银行融资和资产证券化等综合服务。目前已有上百家商业保理公司在'保理云平台'上和平安银行展开了多方面的合作。"[1]

（三）集团平台合作模式

有别于前两种业务模式,集团平台合作模式是一种战略合作模式。为了满足企业内部经营财务需要,许多集团都纷纷下设租赁公司、商业保理公司作为集团融资平台。这类商业保理公司依靠集团资源,汇集了集团内部的应收账款,借助保理满足财务管理需求、优化财务报表,同时还掌握着集团企业产业链和供应链数据信息。银行为集团平台保理公司提供保理服务的同时,既可以享受到商业保理公司提供的特定领域专业服务,也可以直接或间接地介入到产业链和供应链领域,具有很深远的战略发展意义。

（四）合作服务模式

受注册资本限制,很多商业保理公司缺乏后续融资能力,仍在探寻适合自身发展的业务模式。部分商业保理公司另辟蹊径,开始为客户提供交易验证服务及相关资讯服务。虽然商业银行不得将应收账款的催收、管理等业务外包给第三方机构,但仍可以在某些专业领域与商业保理公司开展合作,如提供信用调查、客户营销、贸易背景核实、物流监控、账款催收等服务。在实务中,代理服务模式多与前几类模式相互结合,不仅帮助银行节省了大量人力和财务成本,也提高了自身业务量和中间业务收入,实现银行与商业保理公司的双赢。

---

[1] 摘自商务国际贸易经济合作研究院、中国服务贸易协会商业保理专业委员会等单位联合发布的《中国商业保理行业发展报告2015》,第44页。

三、银行保理与商业保理合作展望

国内年轻的商业保理公司具有强大的市场活力和竞争力，但同样因为年轻，它们在注册资本、内控制度、风控经验、人才培养等许多方面都面临艰巨的挑战。由于大多数商业保理公司的实力较弱，难以从银行获取授信，因此商业保理公司希望借助再保理模式获取银行融资的业务发展思路可能并不会长久。目前，商业保理公司积极开拓多元化的融资渠道，显而易见，商业保理公司的融资模式正从银行信贷这一间接融资渠道转向资产证券化、互联网金融等直接融资渠道。

可以预见，金融脱媒后的商业保理公司将更加迅速地壮大成长起来，而这对银行而言并非坏事。在法律制度完善后、在更为对等的地位上，商业保理公司与银行的主要合作模式将从再保理模式变为双保理模式，这将为双方带来更为广阔的市场空间和合作机会。

第五章

保理风险及案例分析

第一节　信用风险

一、风险简述

（一）买方风险和卖方风险

所谓信用风险，主要包括买方和卖方两大方面。

买方信用风险（赊销风险）。应收账款转让是保理业务的基本担保措施，这导致保理业务项下借款人与还款人相分离，从而使保理业务显著区别于一般贷款业务。此时，买方依据商务合同按期支付的应收款项成为保理业务的第一还款来源，保理业务中的信用风险集中在买方：买方按期支付应收款项就不会产生信用风险，如果出现买方经营失败、破产、倒闭、无支付能力或恶意拖欠，银行将面临资金损失。因此，买方信用风险是保理业务的关键风险之一，尤其在无追索权保理业务中，买方信用风险是应予以特别关注的首要问题。

卖方信用风险：卖方客户通常作为保理业务的申请主体，其信用状况的优劣，经营实力的强弱，内部管理的高低等都会对保理业务产生重要影响。无论是有追索权保理业务还是无追索权保理业务，作为第二还款人，卖方信用风险都不容忽视。

（二）信用风险当下特征

随着经济金融结构调整和增速换挡的"新常态"，保理业务中的信用风险呈现出新的特征。

1. 行业的周期性波动使供应链各端企业经营困难不断加大，制造业、批发零售业等的行业信用风险不断上升。任何一个环节的应收账款如果不能被有效盘活并确保资金在价值链中的正常循环，都可能引发"多米诺骨牌效应"，导致整个供应链的资金链断裂。没有一家企业能够独善其身，即便有着真实的贸易背景，受到拖累也在所难免。

2. 为了维护自身利益，各主体间相互勾结，欺诈造假，让人防不胜防。例如，卖方勾结买方，通过假合同、假发票、假提单等虚构贸易背景，骗取银行贷款，给银行造成损失。再如，出口商联合出口保理商，就同一进口商向多家进口保理商申请额度，或是在向进口保理商申请额度时隐瞒进口商历史违约情况。又如，进口商联合进口保理商对出口商进行欺诈。尽管进口保理商对其核准额度要承担坏账担保责任，而一旦双方勾结，特别是出口商对于刚接触的客户了解甚少时，若进口保理商夸大进口商信用额度，出口商容易造成财货两空的局面。

3. 保理业务各主体通常会因信用风险诉诸法院寻求法律解决途径，但在审判举证的过程中，往往又会发现业务操作风险。于是，信用风险与操作风险交织在一起。

二、风险案例

（一）案例背景

A公司成立于1997年1月，初始注册资本170万元人民币，2012年增资至3 170万元人民币，主要经营铸造、生铁发运、机电产品销售等业务。A公司与C公司合作15年，为C公司提供机床铸造配件。2014年8月，A公司向B银行申请综合授信2 000万元人民币，期限一年，品种为国内有追索权保理，并由D公司提供连带责任保证。

（二）案例经过

A公司将其对C公司的应收账款转让给B银行后，获得保理融资款项。授信期限内，C公司按期回款至A公司在B银行开立的保理监管账户，业务正常。2015年10月融资陆续到期，B银行向C公司直接催收，C公司表示知晓A公司与银行有业务，但从未对应收账款和发票进行过盖章确认。A公司自有资金短缺，无力偿还融资款项。D公司生产停滞，在他行授信逾期，也无力代偿。截至2016年4月，四笔业务风险分类均为关注二级。

B银行在调查中发现：

1. 2015年，受国内工业投资减少影响，机床行业生产销售低迷，行业出货量整体减少50%以上，A公司下游企业不仅订单减少，而且还拉长了应收账款还款时间，对借款人现金流产生较大影响，生产量下降65%，资金周转困难。担保企业D公司也同样受到行业拖累，生产处于半停产状态，且在两家银行贷款逾期，无力代偿。

2. 关于应收账款转让和发票的书面确认，每次都是B银行陪同A公司在C公司做的现场确认，但事实上从头到尾盖的都是假章，买方员工与A公司串通勾结，骗取银行融资。B银行因此向法院提起诉讼。

（三）经验总结

本案例中买卖双方有着真实的贸易背景，但是由于受宏观经济影响，供应链各端企业经营困难，导致伪造部分应收账款到银行骗取融资，真真假假，虚虚实实，信用风险呈现出高度的复杂性、交叉性和传染性，银行风险管理难度不断提升，对银行的风险管理能力提出更高要求，在贷前、贷中、贷后管理中不仅需要对单一客户风险密切关注，动态监控，更需要对于紧密联系的业务共同体供应链进行综合考量。

第二节 操作风险

一、风险简述

保理业务操作风险是指由于保理商内部操作不规范、管理不完善或内外部事件而导致的资金损失风险，是当前保理业务存在的主要风险之一。保理作业流程的复杂性加大了保理商的操作风险管理的难度。与信用证或托收业务相比，保理业务增加了应收账款管理和回款控制要求，客观上要求保理商对每一笔受让的应收账款都需要经过更多的操作环节、满足更多的管理要求；如果保理商提供了坏账担保服务，实务中争议界定及处理、核准付款实施都要通过较为复杂的流程，且具有不确定性，导致保理商面临更多的操作风险。此外，部分企业为获取不正当收益不惜铤而走险，利用贸易背景进行欺诈，进一步加大了操作风险。保理业务操作风险主要体现在：

（一）应收账款有效性

应收账款真实有效是合法转让债权的基础，也是保理商依法实现债权的前提。因此，承做保理业务的应收账款，首先，必须具备真实贸易背景，以买卖双方善意的履约意愿为基础；其次，卖方未将应收账款设定其他担保或转让给他人，应收账款权利完整，具备可转让的法律效力；最后，合同中不存在对应应收账款的有条件生效条款，即买方在卖方履约后仍保留不付款的权利。如果保理商未能确保应收账款真实有效，也并未在业务操作中采取相应措施规避相关风险，将会影响保理商后续实现债权。

经济下行期，企业应收账款期限拉长，资金紧张，卖方往往利用贸易融资银行对人民银行应收账款公示查询系统漏查等操作漏洞，将同一贸易合同项下的应收账款转让至不同银行，套取多家银行信用，一票多融，使银行陷于重复融资的欺诈风险。

（二）应收账款转让合法性

《中华人民共和国合同法》第七十九条规定，债权人（卖方）可以将合同的权利全部或者部分转让给第三人，但存在下列情形之一的除外：根据合同性质不得转让；按照当事人约定不得转让；依照法律规定不得转让。保理商在办理业务过程中，若不能发现基础商务合同属于无效合同范畴、基础商务合同存在应收账款不可转让的约定、应收账款被重复转让或质押等问题，将构成保理商正当受让债权的障碍，而债务人（买方）也有权对保理商提出抗辩，从而形成操作风险。

（三）转让通知有效性

《中华人民共和国合同法》第八十条规定，债权人转让权利的，应当通知债务人，未经通知，该转让对债务人不发生效力。因此，转让通知是保理业务对买方产生约束的前提。保理商在办理保理业务时，应注意有关通知手续执行到位，以维护保理商债权人的地位和第一还款来源的法律保障。若为隐蔽型保理，隐蔽期届满后，保理商应及时落实对买方的通知事宜，确保保理商对应收账款债权的所有权利。目前，银行保理商的转让通知常有三种方式，即买方签字确认、公证送达、快递送达。不同的通知方式，其烦琐程度、买方配合意愿、执行方式存在较大差异，其中隐含的操作问题也较多，可能会导致转让无效等情况的发生。

（四）回款风险

受行业特性、操作管理和企业内部管理等因素影响，买方实际支付货款的方式和途径是多样的。若发生买方不能将货款直接付至保理商指定账户或者保理商不能对回款实施有效控制，比如，买方以商业汇票形式付款、货款付至卖方其他账户等，保理商显然会面临回款资金的安全性问题。此外，即使是已付款至保理商指定账户的货款，对于非转让全部应收账款的情况，由于回款较难与保理项下的应收账款做到一一对应，卖方也可能会提出使用部分回款资金的需求，还可能发生回款资金因卖方涉诉被法院冻结扣划等严重情况。如何做好相应的回款资金安全管控措施是保理商必须面对的严峻问题。

针对间接回款形成的风险，保理行可根据本行业务实际情况制定回款管理细则，对经办行和客户经理进行保理回款的管理和考核，并指定专人对所辖地区保理业务回款情况进行经常性监控，一旦发现客户出现间接回款情况，应立即采取相关措施（如提前回收贷款、增加有效担保方式，逐级审批，再次发送汇款路径变更通知书等）来控制风险。保理行也可在系统允许的情况下，通过设定系统自动预警，监测并记录间接回款情况，进而采取相应的管理措施，及时有效防控风险。

（五）内外部欺诈

欺诈风险近些年在保理业务中呈高发态势，并成为当前最主要的风险问题。形成欺诈风险的情形主要有：卖方以假冒身份、隐瞒关联交易实质、虚构交易背景、伪造重要交易单据或应收账款转让通知回执、私下更改回款路径等欺诈方式骗取或挪用保理融资款；买方虽有充足的偿付能力，但其个别经营人员与卖方联手以欺诈手段骗取或挪用融资款，买方最终以种种理由拒付货款等；买卖双方将货款相互抵销或恶意串通变更、终止合同等。在许多欺诈案中，保理商由于不能有效识别或是心存侥幸而损失巨大。

（六）业务操作

保理文件审核以及系统录入失误是比较典型的操作风险。由于发票号码、保理类型、利率、期限等信息录入错误，加之随后操作复核即业务审核在业务逻辑判断上的疏忽，极易导致业务办理和会计核算的错误，由此造成业务风险和纠纷隐患。

二、风险案例

（一）案例背景

A公司为汽车配件生产企业，注册资本7 000万元人民币。A公司与C公司签订金额为3 000万元人民币的供货合同后，向B银行申请办理有追索权国内保理融资。

（二）案例经过

B银行在办理该笔保理业务时发现，A公司提供的增值税发票中存在问题发票。经过进一步核查，B银行发现以C公司为交易对手的D公司、E公司、F公司均存在类似问题。经查证，A公司与上述D公司、E公司、F公司的实际控制人为同一自然人甲某。

甲某通过旗下D公司与C公司进行少量真实交易，以此套取C公司的制式合同及其他凭证，进而私刻C公司印鉴。甲某利用套取的合同和伪造的印鉴，伪造了旗下其他关联公司（A、D、E、F）与C公司的交易合同及收货证明，虚构了交易背景。随后，甲某旗下关联公司从税务机关领取正版增值税发票，并采取套开方式，即第一联（销货方记账凭证）购货方均注明为C公司，并提供给B银行办理业务，其余联开往其他关联公司。

甲某还通过关联企业间资金往来虚构了流水并伪造了财务报表，以此骗取银行对其经营和财务状况的良好评价。

（三）经验总结

交易背景真实性是办理保理业务的基本前提，保理商业务人员应从交易资料的完备性、逻辑性和历史一致性出发，对业务进行综合权衡。利用假资料虚构贸易背景是保理业务中常见的欺诈行为，在贷前调查环节，保理商应将企业财务数据与经营实际进行勾稽对比，严格排查关联关系，从多渠道核实企业资信状况。对客户提供的业务资料，如发票，应尽量要求完整有效，并利用相应的核验渠道进行鉴别。如果无法建立并执行标准的调查作业规范，保理商在业务准入环节就将面临巨大风险。

第三节　法律及合规风险

一、风险简述

对银行保理业务而言，法律合规风险是指银行保理商因未能遵循相关法律法规、监管规定或行业准则而产生的财务损失、监管处罚、法律制裁和声誉损失的风险。合规风险与信用风险、操作风险紧密相关，主要包括以下方面：

（一）监管合规风险

银监会于2014年4月下发《商业银行保理业务管理暂行办法》（以下简称《办法》），构成了银行保理业务主要的监管办法。《办法》对商业银行保理融资业务的流程进行了规范，对融资产品、客户准入、合作机构准入、业务审查、专户管理、融资比例和期限、信息披露等方面均提出了具体要求。特别对单保理融资提出审慎管理要求，即在审核基础交易的前提下，比照流动资金贷款对卖方或买方进行授信全流程管理。同时要求银行严格审核基础交易真实性，合理评估借款人或借款人交易对手风险。《办法》严格规定了保理融资中合格应收账款的标准，明确不得基于未来应收账款、权属不清应收账款、有价证券付款请求权等不合规应收账款叙做保理融资业务。如银行保理商违背监管要求，放松对保理业务的实质性审查和管理，将面临监管机构的处罚风险。

（二）法律风险

国际保理业务是一种重要的国际贸易融资服务方式，涉及出口商、进口商、出口保理商、进口保理商等多个主体间复杂的法律关系，牵涉的具体法律问题较多，不可避免地承受着法律风险。另外由于国内对保理业务尚缺乏专门的法律规定，国内保理商对保理业务相关法律法规的理解和运用时常走入误区，在具体开展业务时也容易忽视法律风险。目前，法律界对保理业务法律关系的认定、保理合同效力、案由确定、管辖确定、当事人诉讼地位、权利冲突解决、登记公示和查询效力、保理专户资金优先权等法律问题尚存在认识上的分歧，因此，保理商在设计保理产品、制定法律文件和具体操作业务时，如果未能充分考虑相关法律问题，在业务风险形成后往往处于被动地位。

从业务的整个过程来看，保理业务法律风险主要表现在以下几个方面：卖方履约瑕疵的风险、买方抗辩权以及抵销权的风险、银行受让债权合法性的风险、隐蔽保理业务项下债权转让不通知债务人的风险等。赊账业务实质是一种"债权"或者质押的转让，一旦债权本身或转让/质押效力出现问题，就会导致银行增加实现债权的难度或无法实现债权。保理业务的法律风险主要表现在：

1. 转让的法律风险。根据《中华人民共和国合同法》规定，债权人转让权利的应通知债务人，未经通知，该转让对债务人不发生效力，而通知行为有效性问题尚需界定。比如，通过第三方通知到买方即可还是需要买方确认才构成有效通知尚存争议。再者，买方以何种方式确认才明确其付款责任，以及买方没有向定账户付款引起的再次付款义务问题等尚未形成法律依据，债权受让方的权益缺乏明确的法律保护。又比如，在隐蔽型保理业务中，虽然有的银行保留了依自身判断可随时向买方发送《应收账款转让通知书》的权利，并约定银行在认为必要时可向买方书面通知应收账款债权转让事宜，但由于转让通知的延迟及买方因未能及时了解债权转让情况而未能履行义务而引发纠纷，均可能导致买方对债权转让的抗辩从而给银行带来风险。

2. 重复质押登记的法律风险。中国人民银行《应收账款质押登记办法》规定，在同一应收账款上设立多个质押权的，质权人按登记的先后顺序取得并行使质权。同时，《中华人民共和国物权法》又规定，出质后的应收账款未经质权人同意不得转让，即使办理了

出质登记，再出质行为也不具有法律效力。应收账款缺乏特定性和出质登记统一规则，易被重复质押，增加风险。

（三）声誉风险

GRIF以及《保理业务规范》中均规定，在开展无追索权保理业务时，保理商需承担坏账担保责任即提供买方信用风险担保。但个别银行保理商在为客户办理此类业务时，故意违反公认原则，以"阴阳合同"方式免除自身的担保责任，即表面与客户签订无追索权保理业务协议，客户据此改善报表，私下却另外签署卖方无条件承担回购责任的协议。显然，这种做法是一种欺骗投资人的行为，若造成投资人损失将引发诉讼，相关保理商可能会承担声誉上的损失。此外，按照证监会要求，上市企业通过银行买断应收账款的方式改善报表，需在公开信息中披露买断金额、买入银行以及相关协议的主要条款内容等。如果卖方企业对此隐瞒不报，一旦被监管当局查证，保理商可能会被认定涉嫌配合客户共同伪造虚假交易，也将面临声誉损失。

二、风险案例

（一）案例背景

出口商A是木地板生产企业，2006年起开始出口英国进口商C，赊销期90天。为缓解资金占压并美化财务报表，A从2007年起在B银行（出口保理商）叙做保理业务。

（二）案例经过

1. 信用额度核定遭知名进口保理商拒批：应A的申请，B银行向某知名保理商发送进口商信用额度申请，但未获核准；后向英国另一保理商申请获核准，信用额度36万美元。

2. 应收账款转让时记录错误：2008年6月24日，A转让了两单发票，到期日分别是8月26日和9月17日，B银行错误地将A的名字写成了D，并将相关信息发送进口保理商，但双方均未察觉。

3. 一单发票遭拒货，应收账款减额：两单货物达到英国后，经检验其中一单不合格（9月17日到期的发票），进出口双方协商退货，应收账款结清，另一单（8月26日到期）暂显正常。

4. 第二单发票到期催收未果：8月28日，B银行向进口保理商询问付款情况，进口保理商向进口商催收，发现此单发票出口商名称有误。

5. 错误发票取消，重新转让：9月25日，进口保理商要求B银行取消出口商名称有误的发票重新转让，当日B银行按要求完成转让。

6. 进口商破产：10月，受国际金融危机影响，C国内销售锐减，资不抵债、宣告破产。

7. 进口保理商拒绝担保付款：进口保理商的理由是发票重新转让时已过发票到期日，进口保理商投保的保险公司拒绝赔付，进口保理商相应拒绝担保付款。

（三）经验总结

从本案例来看，虽然是表面上看是出口保理商操作风险，出口保理商未提供正确的发票信息，对进口保理商的催收造成了困难。出口保理商造成了"不合格"的应收账款，不得不因此而为错误买单。但另一方面进口保理商破产是不争的事实，出现了典型的信用问题。但进口保理商却以保险公司拒赔为由拒绝担保股款，有逃避责任之嫌，存在信誉风险。

第四节　保理业务的风险管控

近年来，随着商品贸易的不断发展，保理业务作为一项集贸易融资、商业资信调查、应收账款管理及信用风险担保于一体的新兴综合性金融服务，得到了迅猛发展。保理业务能够替代一般流动资金贷款，很好地解决赊销中卖方面临的资金占压和买方信用风险问题，银行同业将其视为新的利润增长点，纳入贸易融资产品体系竞相拓展。由此，商业银行如何在做好风险防控的同时积极发展保理业务已成为令人关注的话题。保理业务风险一般指卖方供货不确定性和买方还款不确定的风险，以及业务受理和开展过程中面临的法律和操作风险，风险既有外生因素，如自然灾害、政策不确定性、市场不确定性、社会信用机制缺失等；也有内生因素，如信息、经营、制度、运输、利益分配等不确定性等。并且随着我国经济发展进入"新常态"，受经济基本面影响，保理业务面临的风险因素日益复杂化。

经济增速面临下行压力，主要经济指标出现整体下滑，改革的深入推进需要经济结构与产业结构作出重大调整。这种环境下，部分企业生产经营困难，应收账款规模持续攀升，账期也被不断拉长。根据国家统计局发布的数据，截至2015年12月底，赊销在我国出口和国内贸易的比重已占到70%以上，全国规模以上工业企业应收账款余额高达11.45万亿元人民币。不断增长的应收账款加大了企业的财务成本和经营风险，企业利润受到侵蚀。企业应收账款质量下降，坏账风险不断显现，导致我国保理产业规模大幅缩减。"新常态"下买卖方勾结欺诈、保理商配合造假频频出现，保理业务项下风险呈现出新的特征。针对保理业务风险点，作为提供保理服务的商业银行应当采取以下措施：

一、转变观念，正确认识保理业务

正确认识保理业务是促进业务健康可持续发展的基础。保理业务与一般流动资金贷款不同，具有典型的跟单贸易性、自偿性特点，第一还款来源明确，其本质上是应收账款转让业务，因此，严把客户准入是风险防范的首要关口，贸易真实性审查和回款管理是风险控制的关键环节。商业银行应充分认识保理业务的本质和特点，严禁套用一般流动资金贷款开展保理业务。开展保理业务时，在客户准入环节必须严格依照规定对买、卖双方进行尽职调查，有条件的可以配置独立的保理审计人员充分评估保理产品的适用性，不能认为有应收账款转让和抵（质）押担保就可以放松对保理业务的准入管理，同时还应重点把控贸易真实性审核、应收账款转让通知、应收账款余额定期核对，账款回收等关键环节，有效防范业务风险，完善风险调控机制。

二、审慎确立准入标准，严控高风险客户

审慎确立保理客户的准入标准。要通过审查买卖双方历史交易和财务状况，选择履约能力强、商业信誉较好、内部管理到位的好客户。由于关联企业之间的交易结构复杂，潜在风险更加隐蔽，更要通过对买卖双方交易行为的审查，判断企业之间的交易及结算方式是否正常，尽量避免为非正常交易的关联客户办理业务。

在设立客户的准入标准之外，要做好贷前尽职调查。保理行应派遣经验丰富的销售人员，利用独立审计审核融资客户是否有合格/合法的应收账款、买卖双方的历史交易情况是否良好，坚决不介入债权关系不清晰的企业。加强贷前核查，还要确保交易行为的真实性。要加强对严格审查商品交易合同条款的审核，如对商品有关描述、合同金额、付款方式、付款日期、交货时间等是否有明确规定。同时还要核验发票的真实性，如发票的主要内容是否与商品交易合同及货运单据一致，发票开出时间以及发票冲销是否合理，严防开票后注销或交易双方合谋先开票后退货的骗贷行为。

三、强化业务审核流程，严格执行核准规定

业务审核一方面要综合考虑客户背景，正确选择适用保理业务类型；另一方面要加强从业人员培训，提高风险识别能力，尽量防止欺诈性交易的发生。银行在开展保理业务时，应审慎识别交易主体的履约能力，通过判断买卖双方哪个交易主体履约更能平衡风险和收益，来选择适用的保理业务类型。

保理行应制定核实贸易真实性的相关操作要点，明确经办机构

和客户经理贸易真实性审核责任，细化审核要求，确保贸易背景真实合法、相关合同单证齐全有效。高度关注以下两个问题：一是合同、发票、出货凭证真实性问题。保理行可以利用税务部门相关系统，有效防范增值税发票虚假所带来的信贷风险，提升发票验证效率，如在应收账款受让前通过税务登记系统进行抽查，并在开票日期一个月后再次进行抽查，以有效防范发票"先开后废"的风险。同时还可在发票上加盖应收账款转让的签章以示债权的转让。二是规避贸易型企业虚构交易、伪造账目的问题。对于买卖双方均为贸易型企业的应该谨慎对待。

保理行业应遵照保理制度规定的流程办理业务，强化合规意识，并根据辖内市场特点、人员情况，细化各环节、各节点的操作规范，重点加强对经办行业务执行过程的监控，加大检查和监督力度，及时纠正不合规操作、化解风险隐患。

四、做实贷后管理，规范档案管理

保理银行应根据国内保理业务特点进行有针对性地贷后管理，实时关注买卖双方的信息，深入了解买卖双方的结算习惯及资金安排，持续跟踪买卖双方生产经营情况，特别是买方客户的资信情况。保理银行应对交易过程中出现的异常情况特别是保理专户回款异常等情况增加敏感性，做到及时防范、及时发现、及时处理。此外，保理银行还应统一管理标准和要求，规范档案管理，做到档案资料分装整齐、目录清晰、内容完整、编号一致，以便于及时查找信息，做好风险应对准备。

针对风险较高的隐蔽保理业务，保理行应审慎对待，持续提升非隐蔽保理对流贷的替代水平。保理行可加强对存量隐蔽保理业务的贷后风险排查，重点核实贸易真实性，留存增值税发票等单据的原件，取得买方对《账号变更通知书》的确认回执。隐蔽保理业务出现回款异常时，最好立即转为公开保理。融资银行可定期对借款客户安排现场或者非现场审计，抽验应收账款的真实性和合理性，或通过与卖方定期核对销售明细账等方式降低业务风险；针对可通知保理，应加强逾期发票的日常性催收等工作。

五、建立保理专营团队，加强业务培训

高素质的保理业务专业人员是保理业务健康发展的重要保障。按照银监会相关文件要求，保理业务应配置具有保理业务知识的从业人员或者设立保理业务团队，建立完整独立的前、中、后台管理流程，并针对不同的岗位进行定期的培训，提高风险管理意识和识别风险信号的能力。

保理行应明确岗位职责，细化保理业务操作岗与客户经理岗职责分离的相关规范，将风险和内控管理要求真正落到实处。具体包括尽职调查与系统操作分离、贷后管理与客户维护分离等。

风险与收益并存。虽然保理业务存在各种风险，应积极采取多种风险防控措施，但在做好风险防范的前提下还应积极开展保理业务。蓬勃发展的保理业务给我们带来的既是机遇，同时也是挑战。我们应该尽早未雨绸缪，不但要注意规避保理业务的一般风险，还要谨慎防范保理业务特有的风险，更应敏锐抓住保理业务中出现的风险因素，查找薄弱环节，绘制风险地图，有针对性地健全保理业务风险管控机制，以确保该业务更好地服务于行业的健康发展，并在此基础上推广这一业务。应将保理业务纳入银行的整体营销战略之中，进一步加大对目标客户的市场宣传和营销力度，让更多的企业和商家了解保理业务。

第六章
保理业务的发展趋势与展望

随着我国市场经济的快速发展和买方市场的普遍形成，赊销已成为企业主流的交易方式，应收账款规模持续上升，保理业务作为传统信贷业务之外的特殊金融产品，在我国金融市场中地位更加重要。

在"十三五"期间，世界经济格局持续波动、金融体系及合作规则将面临转型和重塑，中国将受益于全球增长多极化、改革开放继续深化、多层次跨区域合作，逐步接近世界金融和经济舞台的中心。与此同时，国内经济发展环境也正在发生着深刻的变化，经济发展进入新常态，经济增速从高速换挡到中高速，经济结构调整从失衡到再平衡。可以预见的是，国家将通过改革创新，加快经济结构调整和转型升级，进一步发掘经济增长的潜力。

目前，我国保理市场的主力依然是商业银行，商业保理所占市场份额很小。据专家估计，目前企业应收账款规模已达20万亿元人民币以上。在此背景下，面向中小企业、服务实体经济的商业保理需求必将大幅增长，整个行业正在进入高速发展期。

未来保理业务发展主要应该注重以下几点：

一、保理业务法规制度建设

与市场高速发展相对应的是保理立法显得相对滞后，而与保理业密切相关的法规制度环境尚未建立起来，在《中华人民共和国物权法》中对应收账款的概念范围、应收账款的确权形式、统一的业务规则等应在未来进一步明确。

可喜的是，我们可以看到各地的司法机构以及监管机构对保理业务重视程度逐渐提升，各种司法解释及监管要求也相继出台；同时，越来越多的司法判例也逐渐朝着有利于保理业务发展的方向进行。作为整个保理市场的参与方，也应该积极组织内部培训、调研，加强和司法机构及上级管理部门沟通，促进保理行业健康良性发展。

二、保理业务资产证券化步伐

保理资产证券化，即保理商将保理项下应收账款资产打包出售给发行人，由其将资产进行分类、增信，在金融市场上发行成可流通的有价证券的一种融资手段。

借助保理资产证券化，保理商可以取得极大突破：通过自身风控措施提高资产标的的信用等级；打包出售资产，实现与收益损失的隔离，成为名副其实的表外业务；增加了流动性，美化自身报表；减少融资占用，有效转移风险；增加资金交易流动频率，为市场注入活力。

毫无疑问，资产证券化将成为保理商重要的融资渠道和金融工具。而在目前，保理资产证券化走在前面的还是商业保理公司。由上海摩山商业保理有限公司（以下简称摩山保理）作为原始权益人、恒泰证券股份有限公司担纲管理人的"摩山保理一期资产支持专项计划"（以下简称摩山保理一期）于2015年5月14日取得上海证券交易所无异议函，次日即获得足额认购，并于5月19日实现募集资金到位，成为国内首单以保理融资债权为基础资产的资产证券化项目，为商业保理行业借助资产证券化市场筹集资金树立了标杆。

同时，京东金融披露已获得上海证券交易所关于"京东金融—华泰资管2016年一期保理合同债权资产支持证券"（以下简称京东金融一期保理ABS）挂牌转让的无异议函，发行规模20亿元人民币。这是国内资本市场首单互联网保理业务ABS，背后对应资产是京东金融供应链金融业务"京保贝"的债权。本次发行的ABS产品优先级利率为年化4.1%，且次级资产占比仅0.05%。

三、保理业务互联网与电子化进程

保理业务尽管进入中国的时间并不长，但作为供应链金融的一种创新模式，在互联网生态环境下，也焕发出了新的生机。

（一）"互联网+"对保理业务的影响

就业务层面而言，互联网金融大大弱化了传统供应链中核心企业的作用，起关键作用的是汇集了大量商家和交易的网络信息中介。通过互联网信息平台所掌握的交易、物流、资金流数据，保理商可以对特定行业的中小微企业集群进行评估、筛选和营销，形成针对性的细分市场的业务。这时，过去所依赖的核心企业信用，被基于大数据分析得到的特定行业中小企业群的整体信用以及各个企业的网上交易信息记录所取代。在具体业务中，银行或者保理商都会越来越倾向和具有能够掌握买卖双方交易信息大数据的平台或者企业进行合作，而这些企业也能充分利用信息化优势降低传统保理业务中的风控难度。

就资金来源而言，互联网金融的发展将大大降低保理商对于银行的路径依赖，产生所谓的金融脱媒效应。当然，这种金融脱媒并非媒介的消灭，而是金融媒介顺应时代的一种进化，将过去只能通过传统金融机构利用对公信贷工具才能实现的功能碎片化、透明化、集约化，其本质是金融交易渠道的网络创新。

（二）线上保理进程加速

2015年，我们欣喜地看到越来越多的银行的在线保理业务发展迅速，在线保理通常是指客户在线提交各项申请，银行进行业务审批后实时传输与展现在业务处理进度与结果，通过在线保理平台完成包括应收账款的转让、通知、融资、还款及对账所有操作。

以光大银行为例，光大银行于2015年全面推进其在线保理业务，可以通过买卖双方在该行企业网页客户端或银企直连方式登录，凭借有效的电子签名对保理项下业务单据进行确认并发起融资，不仅实现了买方的书面确认应收账款转让，而且直接解决了普通线下保理业务中最难以确定的贸易背景真实性问题，同时在优化用户体验和节省人力成本等方面优势明显。

毋庸置疑，金融业务线上化进程一直在加速前进，保理业务由于其依托于真实贸易背景的特性，线上操作与客户化改造必然是未来大多数保理机构工作中的重点，而也只有做到紧密贴近市场与客户，才能充分释放保理业务的活力，并更好地控制客户风险。

保理业务作为银行服务实体经济，助力中小企业成长的重要业务品种之一，服务于社会基础的商业运转，有效地盘活了企业间的应收账款，提升了企业的经营效率。在2015年的巨大基数面前、在经济增速放缓的巨大压力面前，中国保理业务依然稳中有升，支持国家转型升级、中小企业发展的同时，也面临着全新的机遇与挑战。

第七章
附　录

附录一：保理业务专业术语表（2013版）

保理业务专业术语表（2013版）

（一）适用范围及目的

1. 本术语表为中国银行业保理业务规范术语。

2. 本术语表适用于中华人民共和国境内保理业务经营、管理、科研、教学和出版等各种领域。

（二）术语和定义

1. 保理业务（Factoring）

保理业务是以债权人转让其应收账款为前提，集应收账款催收、管理、坏账担保及融资于一体的综合性金融服务。债权人将其应收账款转让给商业银行，由商业银行向其提供下列服务中至少一项的，即为保理业务：

（1）应收账款催收（Collection of Receivables）：商业银行根据应收账款账期，主动或应债权人要求，采取电话、函件、上门等方式或运用法律手段等对债务人进行催收。

（2）应收账款管理（Receivables Ledgering）：商业银行根据债权人的要求，定期或不定期向其提供关于应收账款的回收情况、逾期账款情况、对账单等财务和统计报表，协助其进行应收账款管理。

（3）坏账担保（Protection Against Default In Payment By Buyers，又称买方信用风险担保）：商业银行与债权人签订保理协议后，为债务人核定信用额度，并在核准额度内，对债权人无商业纠纷（又称"争议"，Dispute）的应收账款，提供约定的付款担保。

（4）保理融资（Finance under Factoring）：以应收账款合法、有效转让为前提的银行融资服务。

2. 债权人（Creditor，或称Exporter，Seller）

通常也可以称为卖方，是应收账款的转让人。

因供货或提供服务而出具发票的一方。

3. 债务人（Debtor，或称Importer，Buyer）

通常也可以称为买方，是应收账款的付款人。

对于供货或提供服务而产生的应收账款负有付款责任的一方。

4. 保理商（Factor）

指根据保理合约接受应收账款转让，并提供保理服务的机构，主要分为银行保理商和商业保理商两类。

出口保理商（Export Factor，EF）：通常在出口商所在国，根据保理合约接受出口商应收账款转让的保理商。

进口保理商（Import Factor，IF）：通常在进口商所在国，根据保理合约接受出口保理商应收账款转让的保理商。

5. 应收账款（Accounts Receivable）

指企业因提供商品、服务或者出租资产而形成的金钱债权及其产生的收益，但不包括因票据或其他有价证券而产生的付款请求权。

6. 应收账款转让（Assignment of Receivables）

指与应收账款相关的全部权利及权益的让渡。

7. 信用风险（Credit Risk）

指债务人在应收账款到期日后约定的时间范围内，在无商业纠纷的情况下不能全额付款的风险。保理商仅对其核准额度内的应收账款承担债务人的信用风险。

8. 国内保理（Domestic Factoring）

在保理业务中，债权人和债务人均在境内（不包括保税区、自贸区、境内关外等）的保理业务。

9. 国际保理（International Factoring）

在保理业务中，债权人和债务人中至少有一方在境外（包括保税区、自贸区、境内关外等）的保理业务。

10. 有追索权保理（Recourse Factoring）

指在应收账款到期无法从债务人处收回时，商业银行可以向债权人反转让应收账款、要求债权人回购应收账款或归还融资。有追索权保理又称回购型保理。

11. 无追索权保理（Non-Recourse Factoring）

指应收账款在无商业纠纷等情况下无法得到清偿的，由商业银行承担应收账款的坏账风险。无追索权保理又称买断型保理。

12. 单保理（Single-Factor System）

指由一家保理机构单独为买卖双方提供保理服务。

13. 双保理（Two-Factor System）

指由两家保理机构分别向买卖双方提供保理服务。

买卖双方保理机构为同一银行不同分支机构的，原则上可视作双保理；有保险公司承保买方信用风险的银保合作，视同双保理。

14. 公开型保理（Notification Factoring）

指在保理业务中，将应收账款转让的事实通知债务人，通知方式包括但不限于：向债务人提交保理商规定格式的通知书、在发票上加注保理商规定格式的转让条款等。

15. 隐蔽型保理（Non-Notification Factoring）

指在保理业务中，应收账款转让的事实暂不通知债务人，但保理商保留一定条件下通知的权利。

16. 背对背保理（Back-to-Back Factoring）

指在国际双保理业务模式下，出口商将其与境外关联公司间的应收账款转让给出口保理商，出口保理商将受让的应收账款转让给进口保理商；同时境外关联公司将其与最终买方间对应的应收账款也转让给进口保理商。在最终买方付款后，进口保理商将属于出口商的款项付至出口保理商指定保理专户，将属于境外关联公司的利润部分付给境外关联公司。

17. 反向保理（Reverse Marketing）

指由进口保理商发起的，在其承担进口商信用风险的前提下，邀请合作的出口保理商为出口商提供的国际双保理服务。

18. 信用额度（Credit Line）

指保理商核准的愿意从卖方处购入并承担买方信用风险的最高限额。

19. 核准（Approval）

指保理商在其核定的信用额度和条件范围内承担买方信用风险的行为或状态。

20. 已核准的应收账款（Approved Receivables）

指债权人在保理商核定的信用额度内，向债务人发运货物或提供服务所产生的符合信用额度使用条件的应收账款。

21. 反转让（Reassignment）

指保理商在一定情形下将应收账款转让回债权人的行为。

22. 争议（Dispute）

指债务人拒绝接受货物或发票或提出抗辩、反索或抵销，包括但不限于由于第三方对与账款的款项主张权利而引起的抗辩。

23. 其他

（1）未来应收账款

指合同项下卖方义务未履行完毕的预期应收账款。

（2）权属不清的应收账款

指权属具有不确定性的应收账款，包括但不限于已在其他银行或商业保理公司等第三方办理出质或转让的应收账款。获得质权人书面同意解押并放弃抵（质）押权利和获得受让人书面同意转让应收账款权属的除外。

（3）因票据或其他有价证券而产生的付款请求权

指票据或其他有价证券的持票人无需持有票据或有价证券产生的基础交易应收账款单据，仅依据票据或有价证券本身即可向票据或有价证券主债务人请求按票据或有价证券上记载的金额付款的权利。

附录二：《商业银行保理业务管理暂行办法》

商业银行保理业务管理暂行办法

第一章 总 则

第一条 为规范商业银行保理业务经营行为，加强保理业务审慎经营管理，促进保理业务健康发展，根据《中华人民共和国合同法》、《中华人民共和国物权法》、《中华人民共和国银行业监督管理法》、《中华人民共和国商业银行法》等法律法规，制定本办法。

第二条 中华人民共和国境内依法设立的商业银行经营保理业务，应当遵守本办法。

第三条 商业银行开办保理业务，应当遵循依法合规、审慎经营、平等自愿、公平诚信的原则。

第四条 商业银行开办保理业务应当妥善处理业务发展与风险管理的关系。

第五条 中国银监会及其派出机构依照本办法及有关法律法规对商业银行保理业务实施监督管理。

第二章 定义和分类

第六条 本办法所称保理业务是以债权人转让其应收账款为前提，集应收账款催收、管理、坏账担保及融资于一体的综合性金融服务。债权人将其应收账款转让给商业银行，由商业银行向其提供下列服务中至少一项的，即为保理业务：

（一）应收账款催收：商业银行根据应收账款账期，主动或应债权人要求，采取电话、函件、上门等方式或运用法律手段等对债

务人进行催收。

（二）应收账款管理：商业银行根据债权人的要求，定期或不定期向其提供关于应收账款的回收情况、逾期账款情况、对账单等财务和统计报表，协助其进行应收账款管理。

（三）坏账担保：商业银行与债权人签订保理协议后，为债务人核定信用额度，并在核准额度内，对债权人无商业纠纷的应收账款，提供约定的付款担保。

（四）保理融资：以应收账款合法、有效转让为前提的银行融资服务。

以应收账款为质押的贷款，不属于保理业务范围。

第七条 商业银行应当按照"权属确定，转让明责"的原则，严格审核并确认债权的真实性，确保应收账款初始权属清晰确定、历次转让凭证完整、权责无争议。

第八条 本办法所称应收账款，是指企业因提供商品、服务或者出租资产而形成的金钱债权及其产生的收益，但不包括因票据或其他有价证券而产生的付款请求权。

第九条 本办法所指应收账款的转让，是指与应收账款相关的全部权利及权益的让渡。

第十条 保理业务分类：

（一）国内保理和国际保理

按照基础交易的性质和债权人、债务人所在地，分为国际保理和国内保理。

国内保理是债权人和债务人均在境内的保理业务。

国际保理是债权人和债务人中至少有一方在境外（包括保税区、自贸区、境内关外等）的保理业务。

（二）有追索权保理和无追索权保理

按照商业银行在债务人破产、无理拖欠或无法偿付应收账款时，是否可以向债权人反转让应收账款、要求债权人回购应收账款或归还融资，分为有追索权保理和无追索权保理。

有追索权保理是指在应收账款到期无法从债务人处收回时，商业银行可以向债权人反转让应收账款、要求债权人回购应收账款或归还融资。有追索权保理又称回购型保理。

无追索权保理是指应收账款在无商业纠纷等情况下无法得到清偿的，由商业银行承担应收账款的坏账风险。无追索权保理又称买断型保理。

（三）单保理和双保理

按照参与保理服务的保理机构个数，分为单保理和双保理。

单保理是由一家保理机构单独为买卖双方提供保理服务。

双保理是由两家保理机构分别向买卖双方提供保理服务。

买卖双方保理机构为同一银行不同分支机构的，原则上可视作双保理。商业银行应当在相关业务管理办法中同时明确作为买方保理机构和卖方保理机构的职责。

有保险公司承保买方信用风险的银保合作，视同双保理。

第三章　保理融资业务管理

第十一条　商业银行应当按照本办法对具体保理融资产品进行定义，根据自身情况确定适当的业务范围，制定保理融资客户准入标准。

第十二条　双保理业务中，商业银行应当对合格买方保理机构制定准入标准，对于买方保理机构为非银行机构的，应当采取名单制管理，并制定严格的准入准出标准与程序。

第十三条　商业银行应当根据自身内部控制水平和风险管理能力，制定适合叙做保理融资业务的应收账款标准，规范应收账款范围。商业银行不得基于不合法基础交易合同、寄售合同、未来应收账款、权属不清的应收账款、因票据或其他有价证券而产生的付款

请求权等开展保理融资业务。

未来应收账款是指合同项下卖方义务未履行完毕的预期应收账款。

权属不清的应收账款是指权属具有不确定性的应收账款，包括但不限于已在其他银行或商业保理公司等第三方办理出质或转让的应收账款。获得质权人书面同意解押并放弃抵（质）押权利和获得受让人书面同意转让应收账款权属的除外。

因票据或其他有价证券而产生的付款请求权是指票据或其他有价证券的持票人无需持有票据或有价证券产生的基础交易应收账款单据，仅依据票据或有价证券本身即可向票据或有价证券主债务人请求按票据或有价证券上记载的金额付款的权利。

第十四条　商业银行受理保理融资业务时，应当严格审核卖方和/或买方的资信、经营及财务状况，分析拟做保理融资的应收账款情况，包括是否出质、转让以及账龄结构等，合理判断买方的付款意愿、付款能力以及卖方的回购能力，审查买卖合同等资料的真实性与合法性。对因提供服务、承接工程或其他非销售商品原因所产生的应收账款，或买卖双方为关联企业的应收账款，应当从严审查交易背景真实性和定价的合理性。

第十五条　商业银行应当对客户和交易等相关情况进行有效的尽职调查，重点对交易对手、交易商品及贸易习惯等内容进行审核，并通过审核单据原件或银行认可的电子贸易信息等方式，确认相关交易行为真实合理存在，避免客户通过虚开发票或伪造贸易合同、物流、回款等手段恶意骗取融资。

第十六条　单保理融资中，商业银行除应当严格审核基础交易的真实性外，还需确定卖方或买方一方比照流动资金贷款进行授信管理，严格实施受理与调查、风险评估与评价、支付和监测等全流程控制。

第十七条　商业银行办理单保理业务时，应当在保理合同中原则上要求卖方开立用于应收账款回笼的保理专户等相关账户。商业银行应当指定专人对保理专户资金进出情况进行监控，确保资金首先用于归还银行融资。

第十八条　商业银行应当充分考虑融资利息、保理手续费、现金折扣、历史收款记录、行业特点等应收账款稀释因素，合理确定保理业务融资比例。

第十九条　商业银行开展保理融资业务，应当根据应收账款的付款期限等因素合理确定融资期限。商业银行可将应收账款到期日与融资到期日间的时间期限设置为宽限期。宽限期应当根据买卖双方历史交易记录、行业惯例等因素合理确定。

第二十条　商业银行提供保理融资时，有追索权保理按融资金额计入债权人征信信息;无追索权保理不计入债权人及债务人征信信息。商业银行进行担保付款或垫款时，应当按保理业务的风险实质，决定计入债权人或债务人的征信信息。

第四章　保理业务风险管理

第二十一条　商业银行应当科学审慎制定贸易融资业务发展战略，并纳入全行统一战略规划，建立科学有效的贸易融资业务决策程序和激励约束机制，有效防范与控制保理业务风险。

第二十二条　商业银行应当制定详细规范的保理业务管理办法和操作规程，明确业务范围、相关部门职能分工、授信和融资制度、业务操作流程以及风险管控、监测和处置等政策。

第二十三条　商业银行应当定期评估保理业务政策和程序的有效性，加强内部审计监督，确保业务稳健运行。

第二十四条　保理业务规模较大、复杂度较高的商业银行，必须设立专门的保理业务部门或团队，配备专业的从业人员，负责产品研发、业务操作、日常管理和风险控制等工作。

第二十五条 商业银行应当直接开展保理业务，不得将应收账款的催收、管理等业务外包给第三方机构。

第二十六条 商业银行应当将保理业务纳入统一授信管理，明确各类保理业务涉及的风险类别，对卖方融资风险、买方付款风险、保理机构风险分别进行专项管理。

第二十七条 商业银行应当建立全行统一的保理业务授权管理体系，由总行自上而下实施授权管理，不得办理未经授权或超授权的保理业务。

第二十八条 商业银行应当针对保理业务建立完整的前、中、后台管理流程，前、中、后台应当职责明晰并相对独立。

第二十九条 商业银行应当将保理业务的风险管理纳入全面风险管理体系，动态关注卖方或买方经营、管理、财务及资金流向等风险信息，定期与卖方或买方对账，有效管控保理业务风险。

第三十条 商业银行应当加强保理业务IT系统建设。保理业务规模较大、复杂程度较高的银行应当建立电子化业务操作和管理系统，对授信额度、交易数据和业务流程等方面进行实时监控，并做好数据存储及备份工作。

第三十一条 当发生买方信用风险，保理银行履行垫付款义务后，应当将垫款计入表内，列为不良贷款进行管理。

第三十二条 商业银行应当按照《商业银行资本管理办法（试行）》要求，按保理业务的风险实质，计量风险加权资产，并计提资本。

第五章 法律责任

第三十三条 商业银行违反本办法规定经营保理业务的，由银监会及其派出机构责令其限期改正。商业银行有下列情形之一的，银监会及其派出机构可采取《中华人民共和国银行业监督管理法》

第三十七条规定的监管措施：

（一）未按要求制定保理业务管理办法和操作规程即开展保理业务的；

（二）违反本办法第十三条、第十六条规定叙做保理业务的；

（三）业务审查、融资管理、风险处置等流程未尽职的。

第三十四条 商业银行经营保理业务时存在下列情形之一的，银监会及其派出机构除按本办法第三十三条采取监管措施外，还可根据《中华人民共和国银行业监督管理法》第四十六条、第四十八条实施处罚：

（一）因保理业务经营管理不当发生信用风险重大损失、出现严重操作风险损失事件的；

（二）通过非公允关联交易或变相降低标准违规办理保理业务的；

（三）未真实准确对垫款等进行会计记录或以虚假会计处理掩盖保理业务风险实质的；

（四）严重违反本办法规定的其他情形。

第六章 附 则

第三十五条 政策性银行、外国银行分行、农村合作银行、农村信用社、财务公司等其他银行业金融机构开展保理业务的，参照本办法执行。

第三十六条 中国银行业协会应当充分发挥自律、协调、规范职能，建立并持续完善银行保理业务的行业自律机制。

第三十七条 本办法由中国银监会负责解释。

附录三：中国银行业保理业务规范（中文版）银协发〔2016〕127号

《中国银行业保理业务规范》

第一章　总　则

第一条　为了确立保理业务管理基本原则，明确其业务属性，以规范和促进保理业务健康、有序发展，根据《中华人民共和国合同法》、《中华人民共和国物权法》、《中华人民共和国银行业监督管理法》、《中华人民共和国商业银行法》、《中华人民共和国价格法》、《商业银行保理业务管理暂行办法》，以及其他有关法律、法规、规章、国际国内惯例，特制定本规范。

第二条　本规范适用于中华人民共和国境内经国务院银行业监督管理机构批准设立并开办保理业务的银行业金融机构。

第三条　银行在办理业务时应当遵循以下原则：

（一）遵守我国有关法律、法规及规章，如《商业银行保理业务管理暂行办法》；

（二）遵守国际惯例，如《国际保理通用规则》等；

（三）妥善处理业务发展与风险管理的关系，审慎经营；

（四）遵循平等自愿、公平诚信的原则，并妥善处理同业合作与竞争的关系。

第二章　定义、特点及分类

第四条　定义

（一）应收账款

本规范所称应收账款，是指企业因提供商品、服务或者出租资产而形成的金钱债权及其产生的收益，但不包括因票据或其他有价证券而产生的付款请求权。以应收账款为质押的贷款，不属于保理业务范围。

（二）保理业务

保理业务是一项以债权人转让其应收账款为前提，集应收账款催收、管理、坏账担保及融资于一体的综合性金融服务。债权人将其应收账款转让给银行，由银行向其提供下列服务中的至少一项的，即为保理业务：

1. 应收账款催收：银行根据应收账款账期，主动或应债权人要求，采取电话、函件、上门催款直至法律手段等对债务人进行催收。

2. 应收账款管理：银行根据债权人的要求，定期或不定期向其提供关于应收账款的回收情况、逾期账款情况、对账单等各种财务和统计报表，协助其进行应收账款管理。

3. 坏账担保：债权人与银行签订保理协议后，由银行为债务人核定信用额度，并在核准额度内，对债权人无商业纠纷的应收账款，提供约定的付款担保。

4. 保理融资：以应收账款合法、有效转让为前提的银行融资服务。

第五条 保理业务具备以下特点：

1. 银行通过受让债权，取得对债务人的直接请求权；

2. 保理融资的第一还款来源为债务人对应收账款的支付；

3. 银行通过对债务人的还款行为、还款记录持续性地跟踪、评估和检查等，及时发现风险，采取措施，达到风险缓释的作用；

4. 银行对债务人的坏账担保属于有条件的付款责任。

第六条 保理业务分类

1. 国际、国内保理

按照基础交易的性质和债权人债务人所在地，可分为国际保

理和国内保理。债权人和债务人均在境内的，称为国内保理；债权人和债务人中至少有一方在境外（包括保税区、自贸区、境内关外等）的，称为国际保理。

2. 有、无追索权保理

按照银行在债务人破产无理拖欠或无法偿付应收账款时，是否可以向债权人反转让应收账款，或要求债权人回购应收账款或归还融资，可分为有追索权保理和无追索权保理。

有追索权保理是指在应收账款到期无法从债务人处收回时，银行可以向债权人反转让应收账款，或要求债权人回购应收账款或归还融资。有追索权保理又称回购型保理。

无追索权保理是指应收账款在无商业纠纷等情况下无法得到清偿的，由银行承担应收账款的坏账风险。无追索权保理又称买断型保理。

3. 公开、隐蔽型保理

按照是否将应收账款转让的事实通知债务人，可分为公开型保理和隐蔽型保理。

公开型保理应将应收账款转让的事实通知债务人，通知方式包括但不限于：向债务人提交银行规定格式的通知书，在发票上加注银行规定格式的转让条款。

隐蔽型保理中应收账款转让的事实暂不通知债务人，但银行保留一定条件下通知的权利。

4. 单保理、双保理

按照参与保理服务的保理机构个数，可分为单保理和双保理。单保理是由一家保理机构单独为买卖双方提供保理服务。双保理是由两家保理机构分别向买卖双方提供保理服务。

买卖双方保理机构为同一家银行不同分支机构的，原则上可视作双保理。银行需在业务管理办法中同时体现买方保理机构和卖方保理机构的职责。

有保险公司承保买方信用风险的银保合作，视同为双保理。

第三章 银行内部管理要求

第七条 银行应根据业务发展战略、业务规模等，设立专门的保理业务部门或团队，负责制度制订、产品研发、推广、业务操作和管理等工作，并配备相应的资源保障。

第八条 银行应当针对保理业务建立完整的前、中、后台管理流程，前、中、后台应职责明晰且相对独立，岗位职能设置包括但不限于：市场营销、产品研发、业务管理、风险控制和业务操作等。

第九条 银行应加强对本行从业人员的培训，提高其专业能力，积极组织、参与中国银行业协会保理专业委员会、国际保理商联合会、国际商会等行业组织举办的专业培训活动及相关工作。

第十条 银行应根据保理业务特点，严格实施受理与调查、风险评估与评价、应收账款回款支付和监测等全流程控制，建立规范的业务管理办法和操作规程。

（一）业务管理办法至少应包含以下内容：

1. 业务范围：应参照本规范对具体产品进行定义，并按银行自身的情况制定适当的业务范围。

2. 组织结构：应明确业务相关部门及其职责，同时授予保理业务部门相对独立的管理权限。

3. 客户准入：应按照保理业务特点，制定适当的客户准入标准。

4. 账款标准：应制定适合叙作保理业务的应收账款标准，包括但不限于账期、付款条件、交易背景和性质等。

5. 授信审批：应制定符合保理业务特点的授信政策，根据风险承担的实质确定授信主体、评估标准和放款条件。银行可在不通知债务人的情况下发起对债务人的主动授信，且不必与债务人签署授

信协议。

6. 同业风险管理：应对其合作银行、保理公司及保险公司等合作保理机构制定准入准出标准并签署合作协议，对于实际承担信用风险的合作保理机构，应进行授信管理。业务过程中，应定期监控合作保理机构及其所在国家地区风险变化情况，并适时作出调整。

7. 授信后管理：应制定与保理业务特点相适应的授信后管理政策，包括密切监控债权人及债务人履约情况、交易背景真实性、应收账款回款专户管理等，该专户用于接收应收账款回款，是以债权人名义开立的账户，或者以保理银行名义开立的具有银行内部户性质的专用账户。

8. 收费及计息标准：应根据业务分类、服务内容、业务成本、工作量、风险承担、合理利润、行业惯例等因素进行综合定价，制订合理化、个性化的收费、计息标准，包括应收账款管理费、单据处理费和融资利息等。收取时点包括但不限于应收账款转让、融资发放或买方付款时收取等，收取对象可采取卖方支付、买方支付和协议支付等，对于期限为一年以上的应收账款，可每年收取。可根据内部资金成本、风险资本占用以及收益要求厘定保理融资利率。

（二）保理业务操作规程至少应包含以下内容：

1. 业务受理。

2. 额度申请及核准。

3. 融资比例及融资期限：银行应充分考虑应收账款稀释及付款期限等因素合理确定融资比例、融资期限及融资宽限期。

4. 协议签署：卖方银行应与债权人签订业务协议，可不与债务人签订协议。

5. 交易真实性审查。

6. 应收账款转让及通知债务人：除单笔核准外，原则上应要求债权人对指定债务人的应收账款整体转让。银行可以受让未来应收账款，但不得针对未来应收账款发放保理融资。

7. 额度使用及管理：包括对债权人和债务人额度的启用、占用、变更、冻结和取消等。

8. 融资发放。

9. 应收账款管理及催收：应收账款催收、应收账款管理等业务不得外包给第三方机构。

10. 费用收取及支付。

11. 特定情况处理：包括贷项清单、商业纠纷、间接付款和担保付款的处理等。

12. 会计处理。

第十一条 基于合格应收账款的信用风险缓释作用，银行在叙做保理业务时，关于信用风险加权资产的厘定可参照以下原则执行：

1. 如仅提供应收账款管理或催收服务，则无信用风险加权资产。

2. 提供无追索权保理业务的卖方保理机构，可按照买方保理商、保险公司或债务人的信用风险权重计算相关风险加权资产；提供有追索权保理业务的卖方保理机构，可按照提供信用风险担保的买方保理商（如有）、保险公司（如有）或债权人的信用风险权重计算相关风险加权资产。

3. 提供坏账担保服务的买方保理机构，根据承担风险的实质，给予一定的信用风险转换系数，可参照"与贸易直接相关的短期或有项目"执行。

4. 买卖双方保理机构为同一银行的，整体信用风险权重不应大于100%，具体信用风险权重可按具体业务情况及各风险缓释因素确定。

第十二条 银行根据内部管理要求决定保理业务是否在中国人民银行"中征动产融资统一登记平台"进行转让登记，但鼓励银行积极登记，以形成行业共济机制。

第十三条　银行应建立电子化的业务操作和管理系统，以实现以下目标：

1. 管理流程统一：设定统一业务标准，确保银行在参数构架、安控维护、额度控制和业务流程等方面进行即时监控，随时了解业务运营情况，便于对业务的定期回顾和检查。

2. 预警及监管：实现对应收账款的分账户管理，并对业务异常情况进行预警提示等。

3. 业务数据保存：做好数据备份工作，确保储存数据安全。储存期限应不少于五年，储存数据可根据需要随时提取，用于事后的统计、管理等。

第四章　数据统计及信息披露

第十四条　银行应做好业务数据统计工作，并按照监管机构的要求及时报送。

第十五条　企业征信系统信息披露。

银行在提供保理融资时，有追索权保理按融资金额计入债权人征信信息；无追索权保理不计入债权人及债务人征信信息。

银行在为债务人核定信用额度时，不计入债务人征信信息。

银行在进行担保付款或垫款时，应按风险发生的实质，决定计入债权人或债务人的征信信息。

第五章　附　　则

第十六条　银行应按照本规范制定相应的规章制度以及实施细则，其他开展保理业务的机构可参照执行。

第十七条　本规范中凡涉及国家外汇管理法规、政策的有关要求的，如遇有关部门出台新的法规或规定，应遵守和执行新的法规。

　　第十八条　本规范由中国银行业协会保理专业委员会组织制定并负责解释。

　　第十九条　本规范自发布之日起施行。

Factoring Business Normsforthe Chinese Banking Industry

Chapter I General Provisions

Article 1 For the purposes of establishing fundamentalmanagement principles and defining the nature of factoring business and promoting its disciplined, healthy and orderly development, these Norms are formulated in accordance with the Contract Law of the People's Republic of China, the Property Law of the People's Republic of China, the Law of the People's Republic of China on Regulation of and Supervision over the Banking Industry, the Law of the People's Republic of China on Commercial Banks, the Pricing Law of the People's Republic of China, the Interim Provisions for Factoring Business of Commercial Banks and other relevant laws, rules and regulations as well as domestic and international practices.

Article 2 These Norms shall apply to the bankinginstitutions within the territory of the People's Republic of China that are established and engaged in factoring business upon approval by the banking regulatory authority under the State Council.

Article 3 Banks shall observe the following principles in handling factoring business:

(1) Complying with relevant laws, rules and regulations of the State such as the Interim Provisions for Factoring Business of Commercial Banks;

(2) Complying with international practices such as the General Rules for International Factoring;

(3) Maintaining a proper balance between business development and risk management for prudent operation;

(4) Following the principles of equality, voluntariness, fairness and good faith, and maintaining a proper balance between cooperation and competition with peers.

Chapter II   Definition, Features and Classification

Article 4   Definitions

(1) Accounts receivable

For the purpose of these Norms, accounts receivable shall mean the monetary claims and their proceeds arising from an enterprise's supply of goods, services or lease of assets, but excluding the right to demand payment arising from notes or other marketable securities. A loan secured by the pledge of accounts receivable is not in the scope of factoring business.

(2) Factoring

Factoringis a comprehensive financial service which is subject to the creditor's assignment of its accounts receivable and which combines collection and accounts receivable administration, protection against bad debts and finance. The creditor assigns its accounts receivable to the bank, for at least one of the following services:

(a) Collection of accounts receivable: The bank demands payment from the debtor, proactively or upon request by the creditor, by means of telephone calls, dunning letters, door-to-door collection and legal proceedings.

(b) Management of accounts receivable: The bank, upon request by the creditor, provides the creditor with information on collection of accounts receivable and overdue accounts, reconciliation statements and other financial and statistical statements, on a regular or ad-hoc basis, thereby assisting the creditor in managing accounts receivable.

(c) Protection against bad debts: After the creditor and the bank enter into a factoring agreement, the bank grants the debtor a credit line and makes payment under guarantee as agreed within the approved credit linefor the creditor's accounts receivable free and clear of commercial disputes.

(d) Factoring finance: Financing service provided by the bank subject to

the legal and valid assignment of accounts receivable.

Article 5   Factoring has the following features:

(1) The bank acquires direct claim against the debtor by becoming the assignee of the creditor's accounts receivable;

(2) The primary source of repayment for factoring finance is payment of accounts receivable by the debtor;

(3) The bank continuously tracks, assesses and examines payment activity and records of the debtor for timely risk detection so as to mitigate its own risks;

(4) Protection against bad debts is a conditional payment undertaking by the bank.

Article 6   Classification of factoring

(1) International factoring and domestic factoring

Factoring is classified as international factoring and domestic factoring by nature of the underlying transaction and locations of the creditor and the debtor. Under domestic factoring, both the creditor and the debtor are within the territories of China. Under international factoring, either the creditoror the debtor is outside the territories of China (here, areas "outside the territories of China" includes bonded areas, free trade zones, areas "within the borders of the PRC but outside Customs", etc.).

(2) Recourse factoring and non-recourse factoring

Factoring is classified as recourse factoring and non-recourse factoringbased on whether the bank mayreassign accounts receivable to the creditor or request the creditorto repurchase accounts receivable or repay finance when the debtor goes bankrupt or is unable to pay accounts receivable or defaults on payment of accounts receivable.

Under recourse factoring, the bank may reassign accounts receivable to the creditor or request the creditor to repurchase accounts receivable or repay finance when the bank is unable to collect accounts receivable from the debtor upon maturity. Recourse factoring is also called "Repurchase Factoring".

Under non-recourse factoring, the bank bears the risk of bad debts arising from the debtor's inability to pay accounts receivable which is free and

clear of any commercial disputes. Non-recourse factoring is also called "Buy-out Factoring".

(3) Disclosed factoring and undisclosed factoring

Factoring is classified as disclosed factoring and undisclosed factoring based on whether the debtor is notified of the assignment of accounts receivable.

Under disclosed factoring, assignment of accounts receivable isdisclosed to the debtor in ways including but not limited to sending the debtor an introductory letter in the format defined by the bank or adding onto the invoice an assignment clause in the format defined by the bank.

Under undisclosed factoring, assignment of accounts receivable is temporarily not notified to the debtor but the bank reserves the right to notify the debtor of the assignment under certain conditions.

(4) Single-factor factoring and two-factor factoring

Factoring is classified as single-factor factoring and two-factor factoring according to the number of factoring institutions engaged in factoring service. Under single-factor factoring, a factoring institution provides factoring service for the seller and the buyer all by itself. Under two-factor factoring, two factoring institutions provide factoring service for the seller and the buyer respectively.

If the seller factoring institution and the buyer factoring institution are different branches of the same bank, it can be deemed as two-factor factoring in principle. The bank is required to specify the functions and responsibilities of both factoring institutions simultaneously in its business management measures.

Cooperation between a bank and an insurance company where by the insurance company insures the buyer's credit risk is deemed as two-factor factoring.

Chapter III　Internal Management Requirements of Banks

Article 7　Banks shall, in line with their development strategy and scale of business, set upseparate factoring department or team which shall be responsible for formulation of factoring regulations, product development

and promotion, business operation and management. Banks shall allocate appropriate resources to support factoring business.

Article 8 Banks shall establish complete operational procedures for factoring business covering the front, middle, and back offices. The functions and responsibilities of the front, middle, and back offices shall be clear and relatively independent from each other, and posts shall encompassthe following functions: marketing, product development and promotion, business management, risk control, operation, etc.

Article 9 Banks shall reinforce the training of their factoring staff, improve the staff's professional competence and actively organize and participate in training programs provided by industry organizations and related activities. Such industry organizations include the Factors Association of China,the Factors Chain International and the International Chamber of Commerce, etc.

Article 10 Based uponthe features of factoring, banks shall impose strict controls over the whole process of factoring in the areas of business acceptance and investigation, risk assessment and evaluation, accounts receivable payment and monitoring, etc., and establish standard business management measures and operating procedures.

(1) Business management measures shall at least include:
(a) Scope of business: Banks shall define their factoring products in accordance with these Norms and formulate a proper scope of business.
(b) Organizational structure: Banks shall specify relevant department responsible for factoring, define its duties and grant to such department relatively independent management authority.
(c) Clientselection: Banks shall develop proper clientselection criteria in line with the features of factoring.
(d) Receivables criteria: Banks shall develop criteria for accounts receivable eligible for factoring, including but not limited to payment terms, payment conditions and the underlying transaction, etc.
(e) Credit assessment and approval: Banks shall formulate credit policies in line with the features of factoring, and according to the actual risk assumed, specify the entity to which credit is extended, the assessment

criteria and draw-down conditions. Banks may extend credit to the debtor without noticing the debtor or signing a credit agreement with the debtor.

(f) Risk management of correspondents: Banks shall establish selection criteria for and sign agreements with collaborative factoring institutions such as partnerbanks, factoring companies and insurance companies. For collaborative factoring institutions which actually assume the credit risk, credit management is needed. During the course of the business, banks shall periodically monitor the changes in the risks of the collaborative factoring institutions and the country risk so as to make timely adjustments.

(g) Post-credit management: Banks shall formulate specific post-credit management policy, including close monitoring of the performance risk of the creditor and the debtor, underlying transaction,special account for the collection of accounts receivable, etc. The special account is used to receive payment for accounts receivable, and can be opened in the name of the creditor or the factoring bank, and in the latter situation, it shall be characterized as an internal account of the bank.

101

(h) Fees and interest rates: Banks shall offer a comprehensive pricetaking into consideration of business classification, service content, business cost, workload, risk exposure, reasonable profit and industry practices, and set up reasonable and individual standards for factoring fees and interest rates , including accounts receivable administration fee, handling fee for documents, finance interest, etc. The time to charge such fees and interests includes, but is not limited to, the moments of assignment, financing or debtor payment, and the fees and interest can be charged to the creditor, the debtor or by negotiation. If the payment terms of the accounts receivable are longer than one year, fees and interests can be charged annually. Interest rate for factoring finance may be determined by considering banks' internal funds transfer pricing, capital at risk and return requirements.

(2) Operating procedures for factoring shall at least include:

(a) Business acceptance.

(b) Credit line application and approval.

(c) Finance percentage and term: Banks shall determine the finance percentage, term and grace period in a reasonable way, taking into account

of dilution and payment terms of the accounts receivable.

(d) Signing of factoring agreement: Banks shall signfactoring agreement with the creditor. Banks may not sign credit agreement with the debtor.

(e) Examining underlying transaction.

(f) Assignment of accounts receivable and notification to the debtor: With the exception of order approval, the creditor shall, in principle,be required to assign to banks all accounts receivable related to aspecific debtor. Banks may take assignment of future accounts receivable, but shall not finance against future accounts receivable.

(g) Credit line management: Including approval, utilization, amendment, freeze and cancellation of credit lines for the creditor and the debtor.

(h) Finance.

(i) Administration and collection of accounts receivable. Collection and administration of accounts receivable shall not be outsourced to third parties.

(j) Collection and payment of fees and charges.

(k) Dealing with specific issues such as credit note, commercial dispute, indirect payment and payment under guarantee.

(l) Accounting.

Article 11   Recognizing the credit risk alleviating effects of valid accounts receivable, banks may follow the below principles to calculate credit risk-weighted assets when conducting factoring business.

(1) If only accounts receivable administration or collection is provided, there are no credit risk-weighted assets.

(2) The seller factoring institution that provides non-recourse factoring may calculate credit risk-weighted assets by applying the risk weight of the buyer factor, the insurance company or the debtor. The seller factoring institution that provides recourse factoring may calculate credit risk-weighted assets by applying the risk weight of the buyer factor or the insurance company if it provides protection against bad debts, or that of the debtor.

(3) Based upon the actual risk assumed, a credit conversion factor may be applied by the buyer factoring institution that provides bad debt protection, as in the treatment of "trade-related short-term contingent items".

(4) If both the seller and buyer factoring institutions are within the same

bank, the total risk weight shall not be higher than 100%, and the specific risk weights may be determined by business scenario and various risk alleviating factors.

Article 12　Banks shall determine whether to register assignment under factoring with the CCRC Movables Financing Registration System in accordance with internal management requirements. Registration of assignments is encouraged for the purpose of forming a mechanism for mutual aid in the industry.

Article 13　Banks shall establish an electronic operation and management system to achieve the following objectives:

(a) Uniform management process: Banks shall establish uniform business standards to ensure real-time monitoring of parameter structure, safety and control maintenance, limit control and operating procedures, keep abreast of operational developments and facilitate regular review and examination of operations.

(b) Early warning and supervision: Banks shall manage ledger accountsand give early warning to abnormalities.

(c) Business data storage: Banks shall provide data backup to ensure safety of data in storage. The storage period shall be at least five years. Data in storage shall be available upon request for statistics, management and other purposes.

Chapter IV　Statistics and Information Disclosure

Article 14　Banks shall make business statistics properly and submit transaction data promptly as required by regulators.

Article 15　Disclosure in the Corporate Credit Information System of PBOC (CCIS).

The finance information under recourse factoring shall be registered in the credit information of the creditor in CCIS.There is no need to register in CCIS for non-recourse factoring.

Banks' approval of the credit line of the debtorshall not be registered in the credit information of the debtor in CCIS.

Banks' payment under guaranteeor bad debt under factoring shall be registered in the credit information of either the creditor or debtor depending on the nature of risk.

Chapter V Supplementary Provisions

Article 16 Banksshall formulate relevant business regulationsand implementation procedures in accordance with these Norms. Other institutions engaged in factoring may also use these Norms as a reference for conducting their business.

Article 17 When new foreign exchange administration rules and regulations related to factoring are promulgated, banks shall follow these new rules and regulations.

Article 18 These Norms are formulated and subject to interpretation by the Factors Association of China.

Article 19 These Norms shall enter into force on the date of promulgation.

附录五：应收账款质押登记办法（修订征求意见稿）及修订说明

应收账款质押登记办法
（修订征求意见稿）

第一章 总 则

第一条 为规范应收账款质押登记，保护质押当事人和利害关系人的合法权益，根据《中华人民共和国民法通则》、《中华人民共和国合同法》、《中华人民共和国物权法》等，制定本办法。

第二条 本办法所称的应收账款是指权利人因提供一定的货物、服务或设施而获得的要求义务人付款的权利以及依法享有的其他付款请求权，包括现有的和未来的金钱债权及其产生的收益，但不包括因票据、信用证或其他有价证券而产生的付款请求权，以及法律、行政法规禁止转让的付款请求权。

本办法所称的应收账款包括下列权利：

（一）销售、出租产生的债权，包括销售货物，供应水、电、气、暖，知识产权的许可使用，出租动产或不动产等；

（二）提供医疗、教育、旅游等服务或劳务产生的债权；

（三）城市和农村基础设施项目收益权，包括公路、桥梁、隧道、渡口等不动产收益权，水利、电网、环保等项目收益权；

（四）提供贷款或其他信用产生的债权；

（五）其他以合同为基础的具有金钱给付内容的债权。

第三条 本办法所称应收账款质押是指《中华人民共和国物权法》第二百二十三条规定的应收账款出质，具体是指为担保债务的履行，债务人或者第三人将其合法拥有的应收账款出质给债权人，债务人不履行到期债务或者发生当事人约定的实现质权的情形，质权人有权就该应收账款及其收益优先受偿。

　　第四条　中国人民银行征信中心（以下简称征信中心）是应收账款质押的登记机构。

　　征信中心建立专门的基于互联网的登记平台（以下简称登记平台），办理应收账款质押登记，并为社会公众提供查询服务。

　　第五条　中国人民银行对征信中心办理应收账款质押登记有关活动进行管理。

　　第六条　在同一应收账款上设立多个权利的，质权人按照登记的先后顺序行使质权。

第二章　登记与查询

　　第七条　应收账款质押登记通过登记平台办理。

　　第八条　当事人应在质押合同中约定由质权人办理应收账款质押登记。

　　质权人也可以委托他人办理登记。委托他人办理登记的，适用本办法关于质权人办理登记的规定。

　　第九条　质权人办理应收账款质押登记时，应注册为登记平台的用户。

　　第十条　登记内容包括质权人和出质人的基本信息、应收账款的描述、登记期限、主债权金额以及主债权合同有关的其他信息。

　　出质人或质权人为单位的，应填写单位的法定注册名称、住所、法定代表人或负责人姓名、组织机构代码或金融机构编码、工商注册号等。

　　出质人或质权人为个人的，应填写有效身份证件号码、有效身份证件载明的地址等信息。

　　第十一条　质权人应将填写完毕的登记内容提交登记平台。登记平台记录提交时间并分配登记编号，生成应收账款质押登记初始登记证明和修改码提供给质权人。

第十二条 质权人自行确定登记期限，登记期限以年计算，最长不超过30年。

第十三条 在登记期限届满前90日内，质权人可以申请展期。

质权人可以多次展期，每次展期期限不得超过30年。

第十四条 登记内容存在遗漏、错误等情形或登记内容发生变化的，质权人应当办理变更登记。

质权人在原质押登记中增加新的应收账款出质的，新增加的部分视为新的质押登记。

第十五条 质权人办理登记时所填写的出质人法定注册名称或有效身份证件号码变更的，质权人应在知道或应当知道变更之日起30日内办理变更登记。

第十六条 质权人办理展期、变更登记的，应当与出质人就展期、变更事项达成一致。

第十七条 有下列情形之一的，质权人应自该情形产生之日起10日内办理注销登记：

（一）主债权消灭；

（二）质权实现；

（三）质权人放弃登记载明的应收账款之上的全部质权；

（四）其他导致所登记权利消灭的情形。

第十八条 质权人凭修改码办理展期、变更登记、注销登记。

第十九条 出质人或其他利害关系人认为登记内容错误的，可以要求质权人变更登记或注销登记。质权人不同意变更或注销的，出质人或其他利害关系人可以办理异议登记。

办理异议登记的出质人或其他利害关系人可以自行注销异议登记。

第二十条 出质人或其他利害关系人应在异议登记办理完毕之

107

日起7日内通知质权人。

第二十一条　征信中心应按照出质人或其他利害关系人、质权人的要求，根据生效的法院判决、裁定或仲裁机构裁决撤销应收账款质押登记或异议登记。

第二十二条　质权人办理变更登记和注销登记、出质人或其他利害关系人办理异议登记后，登记平台记录登记时间、分配登记编号，并生成变更登记、注销登记或异议登记证明。

第二十三条　质权人、出质人和其他利害关系人应当按照登记平台提示项目如实登记，提供虚假材料办理登记，给他人造成损害的，应当承担相应的法律责任。

第二十四条　任何单位和个人均可以在注册为登记平台的用户后，查询应收账款质押登记信息。

第二十五条　出质人为单位的，查询人以出质人的法定注册名称进行查询。

出质人为个人的，查询人以出质人的身份证件号码进行查询。

第二十六条　征信中心根据查询人的申请，提供查询证明。

第二十七条　质权人、出质人或其他利害关系人、查询人可以通过证明编号在登记平台对登记证明和查询证明进行验证。

第三章　征信中心的职责

第二十八条　征信中心应当采取技术措施和其他必要措施，维护登记平台安全、正常运行，防止登记信息泄露、丢失。

第二十九条　征信中心应当制定登记操作规则和内部管理制度，并报中国人民银行备案。

第三十条　登记注销或登记期限届满后，征信中心应当对登记记录进行离线保存，保存期限为15年。

第四章 附 则

第三十一条 征信中心按照国务院价格主管部门批准的收费标准收取应收账款登记服务费用。

第三十二条 权利人在登记平台办理保理业务当中的应收账款转让登记，参照本办法有关规定。

第三十三条 本办法自2007年10月1日起施行。

《应收账款质押登记办法》修订说明

根据《中华人民共和国物权法》（以下简称《物权法》）第二百二十八条规定，中国人民银行于2007年9月30日颁布《应收账款质押登记办法》（中国人民银行令〔2007〕第4号，以下简称《办法》），规范应收账款质押登记活动。经过7年多的实践，我国应收账款融资业务获得迅速发展，业务实践产生了进一步规范应收账款融资登记的需求。为此，我们启动了《办法》的修订工作，形成《应收账款质押登记办法（修订征求意见稿）》，具体修订情况说明如下：

一、在《办法》附则中增加应收账款转让登记的规定

随着应收账款融资业务的发展，应收账款转让登记实践已经形成。截至2014年底，应收账款质押登记公示系统（以下简称登记系统）记载了59.5万余笔应收账款转让登记，占应收账款登记总量的45%。目前，21家全国性商业银行，300多家保理公司都是登记系统的主要用户。

应收账款转让登记得到行业管理部门的支持，同时登记效力获得地方司法部门的认可。在中国银行业协会发布的有关保理业务的文件，以及深圳、广州、重庆、上海和天津等地保理试点文件中，都有对各类交易主体在登记系统开展转让登记的规定。2014年11月

19日，天津市高级人民法院印发了审理保理合同案件的审判委员会纪要，专门规定了应收账款转让"登记公示和查询的效力"，明确了在征信中心登记系统进行登记与查询可以产生对抗善意第三人的司法效力。此外，国际担保交易示范法和国际保理公约，都有应收账款转让登记的规定。

本次修订保持《办法》名称和结构不变，在附则中增加条款，"权利人在登记平台办理保理业务当中的应收账款转让登记，参照本办法有关规定"，引导更多的主体开展登记与查询，保护交易安全（第三十二条）。

二、修改完善应收账款的定义

随着应收账款融资业务的发展，实践中用来融资的应收账款类型丰富多样，银行、保理公司等机构对扩大《办法》列举应收账款的范围需求强烈。因此本次修订对应收账款的定义予以完善，具体修订内容如下：（1）将旅游景点收费权、学生公寓收费权、医疗收费权等因服务、劳务所产生的债权纳入《办法》第四条（三）列举范围；将城市基础设施项目收益权、城市环保项目收益权、农村电网建设与改造工程电费收益权、水利开发项目收益权等城市农村基础设施项目收益权纳入了《办法》第四条（四）列举范围；（2）增加兜底条款，即其他以合同为基础的具有金钱给付内容的债权；（3）完善排除条款，排除因信用证而产生的付款请求权，以及法律、行政法规禁止转让的付款请求权（第二条）。

三、取消登记协议上传要求

上传登记协议的目的是为了避免质权人不经出质人同意而进行恶意登记或者虚假登记。但登记协议作为附件上传，增加了登记用户的操作成本，登记机构也无法核实协议文件的真实性。因此，本次修订删除了《办法》第八条登记协议上传的规定，并对相关条款作出调整（第八条、第十条）。

四、若干登记事项的修改

为进一步完善公示的登记事项，修订了如下内容：

1. 增加主债权金额及主债权合同有关登记内容。鉴于主债权合同与质押合同是主从关系。因此，本次修订在登记内容中增加主债权金额及债权合同有关其他信息，通过对该信息的适当公示，有助于更好地描述和公示质权。此外，还对登记内容的表述予以完善，将"注册地址"修改为"住所"、"金融机构代码"修改为"金融机构编码"、"工商注册码"修改为"工商注册号"（第十条）。

2. 调整登记期限。由于我国有关收费公路的行政法规规定了部分地区的经营性公路收费期限为30年，此类登记往往需要多次展期，增加了登记当事人的操作风险。因此，本次修订将登记期限由5年增加至30年，并删除登记期限届满登记失效的规定（第十二条、第十三条）。

3. 调整出质人信息变更的有关规定。出质人的法定注册名称或有效身份证件号码是登记系统的检索标准。为避免质权人掌握信息变更不及时，影响其他权利人查询登记信息的真实性问题，本次修订将质权人变更出质人身份信息的"四个月"调整为30日，变更时限从质权人知道或应当知道之日起算。此外，删除"未办理变更登记的，质押登记失效"的条款（第十五条）。

五、修改登记机构撤销异议登记的规定

异议登记的作用在于提醒第三人注意登记文件中所载的异议内容，不能直接否定原登记效力。由于法律未授予应收账款质押登记机构对登记事项真实性的审查权利，登记机构难以做到有效判断当事人是否提起诉讼而主动撤销异议登记。因此，本次修订删除《办法》第二十一条关于登记机构根据对当事人起诉情况的判断撤销异议登记的规定。

六、增加登记费用条款及其他表述性完善

目前，根据国家价格主管部门批准的收费标准，应收账款登

记服务是一种有偿服务，本次修订增加登记收费条款（第三十一条）。

此外，本次修订还对以下条款内容及表述予以完善：增加应收账款质押的定义（第三条）；修改关于登记系统的表述（第四条）；修改异议登记通知时限（第二十条）；增加仲裁裁决作为登记机构撤销某笔登记的依据（第二十一条）；增加征信中心负有信息安全及保护义务条款，并删除不可抗力条款（第二十八条）。

附录六：FCI《国际保理通用规则》（2013英文版）

FCI GENERAL RULES FOR
INTERNATIONAL FACTORING

(Printed July 2013)

TABLE OF CONTENTS

SECTION I General provisions

Article 1 Factoring contracts and receivables

A factoring contract means a contract pursuant to which a supplier may or will assign accounts receivable (referred to in these Rules as "receivables" which expression, where the context allows, also includes parts of receivables) to a factor, whether or not for the purpose of finance, for at least one of the following functions:
- Receivables ledgering
- Collection of receivables
- Protection against bad debts

Article 2 Parties taking part in two-factor international factoring

The parties taking part in two-factor international factoring transactions are:

(i) the supplier (also commonly referred to as client or seller),

the party who invoices for the supply of goods or the rendering of services;

(ii) the debtor (also commonly referred to as buyer or customer),

the party who is liable for payment of the receivables from the supply of goods or rendering of services;

(iii) The Export Factor,

the party to which the supplier assigns his receivables in accordance with the factoring contract;

(iv) the Import Factor,

the party to which the receivables are assigned by the Export Factor in accordance with these Rules.

Article 3 Receivables included

These Rules shall cover only receivables arising from sales on credit terms of goods and/or services provided by any supplier who has an agreement with an Export Factor to or for debtors located in any country in which an Import Factor provides factoring services. Excluded are sales based on letters of credit (other than standby letters of credit), or cash against documents or any kind of sales for cash.

Article 4 Common language

The language for communication between Import Factor and Export Factor is English. When information in another language is provided an English translation must be attached.

Article 5 Time limits

Except as otherwise specified the time limits set forth in these Rules shall be understood as calendar days. Where a time limit expires on a non-working day or any declared public holiday of the Export Factor or the Import Factor, the period of time in question is extended until the first

following working day of the factor concerned.

Article 6 Writing

"Writing" means any method by which a communication may be recorded in a permanent form so that it may be re-produced and used at any time after its creation. Where a writing is to be signed, that requirement is met if, by agreement between the parties to the writing, the writing identifies the originator of the writing and indicates his approval of the communication contained in the writing.
(N.B.: Article 6 amended June 2006.)

Article 7 Deviating agreements

An agreement in writing made between an Export Factor and an Import Factor (and signed by both of them), which conflicts with, differs from or extends beyond the terms of these Rules, shall take precedence over and supersede any other or contrary condition, stipulation or provision in these Rules relating to the subject matter of that agreement but in all other respects shall be subject to and dealt with as part of these Rules.
(N.B.: Article 7 amended June 2004.)

Article 8 Numbering system

In order to identify exactly all suppliers, debtors, Import Factors and Export Factors, an appropriate numbering system must be agreed upon between Export Factor and Import Factor.

Article 9 Commission / Remuneration

(i) The Import Factor shall be entitled to commissions and/or charges for his services on the basis of the structure and terms of payment as promulgated by the FCI Council from time to time.

(ii) The agreed commissions and/or charges must be paid in accordance with those terms of payment in the agreed currencies. A party delaying payment shall incur interest and the equivalent of any exchange losses resulting from the delay in accordance with Article 26.

(iii) In case of a reassignment of a receivable the Import Factor has nevertheless the right to the commission or charges.

Article 10 Settlement of disagreements between Export Factor and Import Factor

(i) All disagreements arising between an Export Factor and an Import Factor in connection with any international factoring transactions shall be settled under the Rules of Arbitration provided that both are members of FCI at the time of the inception of the transaction.

(ii) Furthermore any such disagreement may be so settled if only one of the parties is a member of FCI at the time of request for arbitration provided that the other party accepts or has accepted such arbitration.

(iii) The award shall be final and binding.

Article 11 Good faith and mutual assistance

Under these Rules all duties shall be performed and all rights exercised in good faith. Each of the Export Factor and Import Factor shall act in every way to help the other's interest and each of them undertakes to the best of his ability to assist the other at all times in obtaining any document that may assist the other to carry out his duties and/or to protect his interests. Each of the Import Factor and the Export Factor undertakes that each will inform the other immediately of any fact or matter which comes to his attention and which may adversely affect the collection of any receivable or the creditworthiness of any debtor.

117

SECTION II Assignment of receivables

Article 12 Assignment

(i) The assignment of a receivable implies and constitutes the transfer of all rights and interest in and title to such receivable by any means. For the purpose of this definition the granting of a security right over a receivable is deemed to be its transfer.

(ii) By reason of the assignment to the Import Factor of full ownership of each receivable, the Import Factor shall have the right of bringing suit and otherwise enforcing collection either in his own name or jointly with that of the Export Factor and/or that of the supplier and the right to endorse debtor's remittances for the collection in the Export Factor's name or in

the name of such supplier and the Import Factor shall have the benefit of all rights of lien, stoppage in transit and all other rights of the unpaid supplier to goods which may be rejected or returned by debtors.

(iii) All assignments of receivables must be in writing.

(N.B.: New Paragraph (ii) added, previous (ii) becomes (iii) June 2009.)

Article 13   Validity of assignment

(i) The Import Factor is obliged, as regards the law of the debtor's country, to inform the Export Factor of:

(a) the wording and formalities of the notice of assignment; and

(b) any elements in an assignment that are necessary to safeguard the Export Factor against claims of third parties.

The Import Factor warrants the effectiveness of his advice.

(ii) The Export Factor, whilst relying on the Import Factor's advice under paragraph (i) of this Article as regards the law of the debtor's country, shall be responsible for the effectiveness of the assignment to him by the supplier and of his assignment to the Import Factor including their effectiveness against the claims of third parties and in the insolvency of the supplier.

(iii) If the Export Factor requests a particular assignment, enforceable against third parties, the Import Factor is obliged to act accordingly as far as he is able to do so in accordance with the applicable law, at the expense of the Export Factor.

(iv) Whenever the assignment of a receivable needs special documentation or a confirmation in writing in order to be valid and enforceable, at the request of the Import Factor the Export Factor must provide such documentation and/or confirmation in the prescribed way.

(v) If the Export Factor shall fail to provide such documentation or confirmation in relation to that receivable within 30 days of the receipt of the Import Factor's request, then the Import Factor may reassign such receivable.

(N.B.: Paragraphs (i) and (ii) amended June 2004.)

Article 14   Documentation relating to receivables

(i) The Import Factor must receive details of invoices and credit notes relating to any receivable assigned to him without undue delay and in the case of invoices in any event before the due date of the receivable. For the purpose of the GRIF, the "due date" of any receivable shall mean the date specified for payment of the receivable as stated in the contract of sale, provided, however, that if such contract specifies payments in instalments then, unless otherwise dictated by the contract, each instalment shall be treated as having a separate due date.

(ii) The Import Factor may require that the original documents evidencing title, including the negotiable shipping documents and/or insurance certificate, are forwarded through him.

(iii) At the request of the Import Factor and if then needed for the collection of a receivable the Export Factor must promptly provide any or all of the following as proof and in any event within the following time periods:

    (a) 10 days from the receipt of the request, an exact copy of the invoice issued to the debtor;

    (b) 30 days from the receipt of that request:

        (1) evidence of shipment;

        (2) evidence of fulfilment of the contract of sale and/or services where applicable;

        (3) any other documents which have been requested before shipment.

(iv) If the Export Factor:

    (a) does not provide the documents referred to in Article 14 (iii); or

    (b) fails to provide a reason for that delay and a request for further time, both acceptable to the Import Factor;

within the prescribed time limits, then the Import Factor shall be entitled to reassign the relevant receivable.

(v) The time limit for the Import Factor to be entitled to request these documents from the Export Factor shall be 270 days after due date of the receivable.

(N.B.: Paragraph (iv) added June 2004 - previous (iv) moved to Paragraph (v); Paragraph (i) amended June 2005, June 2006 and June 2010.)

Article 15 Reassignment of receivables

(i) Any reassignment of a receivable under Article 13 (v) or Article 14 (iv)

must be made by the Import Factor no later than the 60th day after his first request for the relevant documents, or, if later, the 30th day after the end of any extended time granted by the Import Factor under Article 14 (iv).

(ii) In the event of any reassignment of a receivable permitted to the Import Factor under this article or under paragraph (vii) of Article 27, except as provided in paragraph (iv) of this Article, the Import Factor shall be relieved of all obligations in respect of the reassigned receivable and may recover from the Export Factor any amount paid by the Import Factor in respect of it.

(iii) Every such reassignment must be in writing.

(iv) If any payment shall be received by the Import Factor from the debtor in respect of any receivable so reassigned before notice of that reassignment shall have been received by the debtor then the Import Factor shall hold that payment for the benefit of, and remit it to, the Export Factor promptly.

(N.B.: Paragraph (i) amended June 2004 and again September 2008. In June 2010 Paragraph (ii) amended and Paragraph (iv) added.)

SECTION III Credit Risk

Article 16 Definition of credit risk

(i) The credit risk is the risk that the debtor will fail to pay a receivable in full within 90 days of its due date otherwise than by reason of a dispute.

(ii) The assumption by the Import Factor of the credit risk on receivables assigned to him is conditional upon his written approval covering such receivables.

Article 17 Approvals and requests for approvals

(i) Requests of the Export Factor to the Import Factor for the assumption of the credit risk, which may be for the approval of individual orders or of credit lines, must be in writing and must contain all the necessary information to enable the Import Factor to appraise the credit risk and the normal payments terms.

(ii) If the Import Factor cannot confirm the exact identification of the debtor as submitted to him he may amend these details in his reply. Any approval shall apply only to the exact identity of the debtor given by the Import Factor in that approval.

(iii) The Import Factor must, without delay and, in any event, not later than 10 days from receipt of the request, advise the Export Factor of his decision in writing. If, within the said period, the Import Factor cannot make a decision he must, at the earliest, and before the expiry of the period so advise the Export Factor.

(iv) The approval shall apply up to the amount approved to the following receivables owed by the debtor:

    (a) those on the Import Factor's records on the date of approval;

    (b) those arising from shipments made up to 30 days before the date of request for approval;

and shall be conditional in each case, upon the receipt by the Import Factor of the invoice details and the documents as stipulated in Article 14.

(v) (a) Approval in full or in part of an individual order binds the Import Factor to assume the approved credit risk provided that the shipment of the goods is made not later than the date of shipment, if any, stated in the request for the assumption of credit risk or any earlier expiry date indicated by the Import Factor in the approval.

    (b) The approval of a credit line binds the Import Factor to assume credit risk on those receivables up to the approved amount for shipments made before cancellation or expiry date of the line.

    (c) The word "goods" includes "services" and the expression "shipments made" includes "services performed".

    (d) Shipment in relation to goods occurs when they are placed in transit to the debtor or his designee, whether by common carrier or the debtor's or supplier's own transport and in relation to services when they are completed.

(vi) A credit line is a revolving approval of receivables on a debtor's account with one supplier up to the amount of the credit line. Revolving means that, while the credit line remains in force, receivables in excess of the line will succeed amounts within the line which are paid by the debtor or the Import Factor or credited to the debtor. The succession of such receivables shall take place in the order in which they are due for payment

121

and shall be limited at any time to the amount then so paid or credited. Where 2 or more receivables are due for payment on the same date then their succession shall take place in accordance with the order of their respective invoice numbers.

(vii) All approvals are given on the basis that each account receivable is in conformity with the terms of payment (with a permissible occasional variation of 100% or 45 days whichever period is shorter) contained in the pertinent information upon which such approval was granted. However, no such variation, which extends the credit beyond any credit period specified as a maximum by the Import Factor in the approval, shall be permitted.

(viii) The approval shall be given in the same currency as the request. However, the credit line covers receivables represented by invoices expressed not only in that currency, but also in other currencies; but in all cases the risk to the Import Factor shall not at any time exceed the amount of the original approval.

(ix) There shall be only one credit line for each supplier on each debtor and any new credit line shall cancel and replace all previous credit lines for the same supplier on the same debtor in whatever currency denominated.

(x) If it is known to the Import Factor that it is the practice of the debtor to prohibit assignments of receivables owing by him then the Import Factor shall so inform the Export Factor in giving his approval or as soon as it is known to the Import Factor if later.

(N.B. Paragraphs (iv) (v) and (vi) amended October 2007. Paragraphs (i) (v) and (vii) amended September 2008. Paragraph (v) amended June 2009, June 2010 and again June 2012.)

Article 18   Reduction or cancellation

(i) For good reason the Import Factor shall have the right to reduce or cancel the individual order approval or the credit line. Such cancellation or reduction must take place in writing or by telephone (to be confirmed in writing). Upon receipt of such notice of cancellation or reduction the Export Factor shall immediately notify the supplier and such cancellation or reduction shall be effective as to shipments made and/or services performed after the supplier's receipt of such notice. On or after the sending of any such notice of cancellation or reduction to the Export Factor, the Import Factor shall have the right to send such notice also direct to the supplier, but he shall inform the Export Factor of such an action.

The Export Factor shall cooperate, and shall ensure that the supplier shall cooperate, with the Import Factor to stop any goods in transit and thus minimise the Import Factor's loss. The Export Factor undertakes to give the Import Factor all assistance possible in such circumstances.

(ii) On the effective date of the termination of the contract between supplier and Export Factor all order approvals and credit lines are immediately cancelled without notice, but shall remain valid for any receivable relating to a shipment made and services performed before the date of termination provided that the receivable is assigned to the Import Factor within 30 days of that date.

(iii) When the cancellation of the credit line is effective or the credit line has expired then:

123

    (a) the right of succession ceases and thereafter, except as provided in sub-paragraphs (b) and (c) of this paragraph, any payment or credit (other than a payment or credit in connection with a transaction excluded in Article 3 or transactions otherwise excluded before the first assignment of a receivable in respect to that debtor) may be applied by the Import Factor in satisfaction of approved receivables in priority to unapproved receivables;

    (b) if any such credit relates to an unapproved receivable and the Export Factor establishes to the satisfaction of the Import Factor that the credit arose solely from the failure to ship or a stoppage in transit, the credit shall be applied to such unapproved receivable; and

    (c) any monies subsequently received by the Import Factor resulting from a general distribution from the estate of the debtor in respect of receivables assigned by the Export Factor shall be shared between the Import Factor and the Export Factor in proportion to their respective interests in the amount owing by the debtor as at the date of the distribution.

(N.B. Paragraph (iii) (b) and (c) amended June 2003. Paragraph (ii) amended June 2006. Paragraphs (i) and (ii) amended October 2007 and again September 2008 and again June

2009. Paragraph (iii) (a) and (c) amended June 2012.)

Article 19   Obligation of Export Factor to assign

(i) Subject to the provisions of paragraph (ii) and (iii) of this Article the Export Factor may, but is not obliged to, offer to the Import Factor all receivables, owing by debtors in any one country and relating to one supplier, which have been assigned to the Export Factor.

(ii) The Export Factor shall inform the Import Factor whether or not the Export Factor's agreement is to include the whole turnover on credit terms to the debtor's country.

(iii) When the Import Factor has approved a credit line on a debtor and a receivable owing by that debtor has been assigned to the Import Factor, then all subsequent receivables of that supplier in respect of that debtor must be assigned to the Import Factor, even when the receivables are only partly approved or not approved at all.

(iv) When the Import Factor decides to cancel a credit line, the obligation for the Export Factor continues to exist until all approved receivables have been paid or otherwise provided for; in other words, until the Import Factor is "out of risk". However, after cancellation of the contract between the Export Factor and the supplier, further assignments of receivables cannot be expected.

(N.B. Paragraph (i) amended, old Paragraph (iii) deleted, Paragraphs (iv) & (v) become (iii) & (iv) June 2006. Paragraph (ii) amended October 2007.)

SECTION IV   Collection of receivables

Article 20   Rights of the Import Factor

(i) If any cash, cheque, draft, note or other instrument in payment of any receivables assigned to the Import Factor is received by the Export Factor or any of his suppliers, the Export Factor must immediately inform the Import Factor of such receipt. It shall be held in trust by the Export Factor or such supplier on behalf of the Import Factor and shall, if so requested by the Import Factor, be duly endorsed and delivered promptly to him.

(ii) If the sales contract contains a prohibition of assignment the Import Factor shall have the same rights as set forth in paragraph (ii) of Article 12

124

as agent for the Export Factor and/or the supplier.

(iii) If the Import Factor:

    (a) is unable to obtain judgement in respect of any receivable assigned to him in the courts, any arbitration panel or other tribunal of competent jurisdiction of the debtor's country (collectively, a "Tribunal") by reason only of:

        (1) clear and convincing language relating to jurisdiction or alternate dispute resolution in the contract of sale between the supplier and the debtor which gave rise to that receivable; or

        (2) denial of jurisdiction to proceed in the debtor's country by any such Tribunal; and

    (b) informs the Export Factor of that inability within 365 days of the due date of the invoice representing that receivable;

then the Import Factor may immediately reassign that receivable and recover from the Export Factor any amount paid in respect of it under paragraph (ii) of Article 24.

(iv) If, within 3 years from the date of any reassignment referred to in paragraph (iii) of this article, the Export Factor or the supplier shall have obtained a judgement or award by any Tribunal in relation to the reassigned receivable against the debtor enforceable in the debtor's country, then, to the extent that the receivable had been approved, the Import Factor shall:

    (a) accept an assignment of all the rights against the debtor under that judgement and again accept the receivable as approved; and

    (b) make a Payment under Approval, as defined in Article 24 and hereinafter referred to as a PUA within 14 days of the date on which payment is to be made by the debtor according to the judgement provided that the assignment required under paragraph (iv) (a) of this Article has been made effectively by the Export Factor within that period.

All costs in relation to the obtaining of judgement under this Article shall be the responsibility of the Export Factor.

(N.B.: Old Paragraph (i) deleted June 2009. Paragraph (ii) became (iii) and amended June 2004 and June 2009. Paragraph (iv) added June 2009. Paragraph (iv) (b) amended June 2013.)

Article 21 Collection

(i) The responsibility for collection of all receivables assigned to the Import Factor rests with him and he shall use his best endeavours promptly to collect all such receivables whether approved or unapproved.

(ii) Except as provided in Article 27 when the total amount of receivables owing by a debtor at any one time is approved in part:

> (a) the Import Factor shall be entitled to take legal proceedings for the recovery of all such receivables without obtaining the prior consent of the Export Factor but the Import Factor shall inform the Export Factor of such action;
>
> (b) if the Export Factor notifies the Import Factor of his disagreement with such legal proceedings, which are then accordingly terminated, the Import Factor shall be entitled to reassign all receivables then owing by the debtor and to be reimbursed by the Export Factor with the amount of all costs and expenses incurred by the Import Factor in such proceedings and the provisions of paragraphs (ii) and (iii) of Article 15 will apply to that reassignment; and
>
> (c) except as provided in paragraph (ii) (b) of this Article the costs and expenses of such legal proceedings shall be borne by the Import Factor and the Export Factor in proportion to the respective amounts of the approved and unapproved parts of the outstanding receivables.

Article 22 Unapproved receivables

(i) When all receivables owing by a debtor at any one time are wholly unapproved:

> (a) the Import Factor shall obtain the consent of the Export Factor before incurring legal and other costs and expenses (other than the Import Factor's own and administrative costs and expenses) relating to their collection;
>
> (b) such legal and other costs and expenses shall be the responsibility of the Export Factor and the Import Factor shall not be responsible for any loss and/or costs which are attributable to any delay in the giving of such consent by the Export Factor;
>
> (c) if the Export Factor does not answer the Import Factor's request for

consent within 30 days, the Import Factor is entitled to reassign the receivables then or any time thereafter;

(d) the Import Factor shall be entitled on demand to a deposit from the Export Factor to cover fully or partly the amount of the estimated costs to be incurred in the collection of such receivables.

SECTION V Transfer of funds

Article 23 Transfer of payments

(i) When any payment is made by the debtor to the Import Factor in respect of any receivable assigned to him he shall pay in the currency of the invoice the equivalent of the net amount received in his bank to the Export Factor immediately after the value date or the date of the Import Factor's receipt of the bank's notification of the amount received whichever is later except to the extent of any previous PUA.

(ii) All payments, irrespective of the amount, shall be transferred daily via SWIFT or a similar system.

(iii) Not later than the day of the transfer the Import Factor shall provide a report showing the allocation of the amount transferred.

(iv) The Export Factor shall repay to the Import Factor on his demand:

(a) any payment made by him to the Export Factor if the debtor's payment to the Import Factor was made by a payment instrument subsequently dishonoured (cheque or equivalent) provided that:

(1) the Import Factor notified the Export Factor of this possibility with the payment advice (payment under reserve); and

(2) the Import Factor's demand has been made within 10 banking days in the Import Factor's country from the date of his transfer of the funds to the Export Factor; or

(3) such dishonour was the result of a stopped payment order issued by the debtor owing to a dispute raised later than the issuance of the payment instrument, in which case the procedures and time limits are as provided in Article 27 and for that purpose the payment by the Import Factor to the Export Factor shall be treated as if it were a PUA (as defined in Article 24 (ii) hereof);

(4) repayments demanded by the Import Factor will not affect his other obligations.

(b) without any time limit, any payment made by the Import Factor to the Export Factor in respect of any unapproved receivable or unapproved part of a receivable to the extent that payment by the debtor or any guarantor of the receivable is subsequently recalled under the law of the country of the payer and such recall is either paid or settled by the Import Factor provided that any such settlement is effected in good faith.

(N.B.: Paragraph (iv) (a) adjusted and Paragraph (iv) (b) added October 2002. Paragraph (iv) (a) adjusted again October 2007. Paragraphs (i) and (iv) (a) (3) adjusted again June 2013.)

Article 24 Payment under Approval

Except as provided in Articles 25, 27 and 32:

(i) The Import Factor shall bear the risk of loss arising from the failure of the debtor to pay in full any approved receivable on the due date in accordance with the terms of the relevant contract of sale or service; and

(ii) To the extent that any such receivable shall not be paid by or on behalf of the debtor by the 90th day after the due date as described above, the Import Factor shall on such 90th day make a Payment under Approval to the Export Factor; described herein as PUA.

(iii) For the purpose of paragraphs (i) and (ii) of this Article, payment by the debtor shall mean payment to any one of the Import Factor, the Export Factor, the supplier or the supplier's insolvent estate.

(iv) In the event of payment to the supplier or the supplier's insolvent estate the Import Factor shall co-operate with and assist in the debtor's country the Export Factor to mitigate any potential or actual loss to the Export Factor.

(v) If an approved receivable is expressed in a currency other than that of the corresponding credit line, in order to determine the approved amount that receivable shall be converted to the currency of the credit line at the rate of exchange (mid rate) quoted by XE.com (and used in edifactoring. com) at the date on which the PUA is due. In all cases the risk of the Import Factor shall not exceed at any time the amount of the original approval.

(N.B.: Heading and Paragraph (v) adjusted September 2008. Heading and paragraphs (ii) and (v) adjusted June 2013.)

Article 25   Prohibitions against assignments

(i) In respect of any approved receivable arising from a contract of sale or for services which includes a prohibition of its assignment the Import Factor's obligation for a PUA shall arise on the official insolvency of the debtor or when the debtor makes a general declaration or admission of his insolvency, but, in any event, not earlier than the 90th day after the due date as described in paragraph (i) of Article 24.

(ii) After any PUA in respect of any receivable referred to in paragraph (i) of this article the Import Factor shall have the sole right to claim in the insolvent estate of the debtor in the name of the supplier.

(iii) The Export Factor shall obtain from the supplier and deliver to the Import Factor any document that may be required by him for the purpose of making any claim as described in paragraph (ii) of this Article.

(iv) The provisions of this article shall apply, in spite of anything to the contrary elsewhere in these rules.

(N.B.: Paragraph (iv) added June 2003. Paragraph (i) amended June 2004. Paragraphs (i) and (ii) amended June 2013.)

Article 26   Late payments

(i) If the Import Factor or the Export Factor fails to make payment of any amount when it is due to be paid to the other he shall pay interest to that other.

(ii) Except as provided in paragraph (iii) of this Article, if the Import Factor does not initiate a payment to the Export Factor according to the requirements of Article 23 or Article 24, the Import Factor shall:

    (a) be liable to pay to the Export Factor interest calculated for each day from the date on which such payment shall be due until actual payment at twice the 3-months-LIBOR as quoted on such due date in the relevant currency, provided that the aggregated accrued amount of interest exceeds EUR 50; and

    (b) reimburse the Export Factor with the equivalent of any currency exchange loss suffered by him and caused by the delay in payment.

If there shall be no LIBOR quotation for the relevant currency, twice the lowest lending rate for such currency available to the Export Factor on

such date shall apply.

(iii) If as a result of circumstances beyond his control the Import Factor is unable to make any such payment when due:

    (a) he shall give immediate notice of that fact to the Export Factor;

    (b) he shall pay to the Export Factor interest at a rate equivalent to the lowest lending offer rate available to the Export Factor in the relevant currency calculated for each day from the day when his payment shall be due until actual payment, provided the aggregated accrued amount of interests exceeds EUR 50.

(iv) Any late payment by the Export Factor to the Import Factor will be subject to the provisions of paragraph (ii) and (iii) of this article.

(N.B.: Paragraph (iv) added October 2007.)

SECTION VI   Disputes

Article 27   Disputes

(i) A dispute occurs whenever a debtor fails to accept the goods or the invoice or raises a defence, counterclaim or set-off including (but not limited to) any defence arising from a claim to the proceeds of the receivable by any third party. However, where there is a conflict between the provisions of this Article and those of Article 25 the latter shall prevail.

(ii) Upon being notified of a dispute the Import Factor or the Export Factor shall immediately send to the other a dispute notice containing all details and information known to him regarding the receivable and the nature of such dispute. In either case the Export Factor shall provide the Import Factor with further information regarding the dispute within 60 days of the receipt by the Export Factor or his sending it as the case may be.

(iii) Upon receipt of such dispute notice the approval of that receivable shall be deemed to be suspended.

If a dispute is raised by the debtor and the dispute notice is received within 90 days after the due date of the receivable to which the dispute relates, the Import Factor shall not be required to make PUA of the amount withheld by the debtor by reason of such dispute.

If a dispute is raised by the debtor and the dispute notice is received after

PUA, but within 180 days of the due date of the receivable, the Import Factor shall be entitled to reimbursement of the amount withheld by the debtor by reason of such dispute.

(iv) (a) The Export Factor shall be responsible for the settlement of the dispute and shall act continuously to ensure that it is settled as quickly as possible. The Import Factor shall co-operate with and assist the Export Factor, if so required, in the settlement of the dispute including the taking of legal proceedings.

(b) If the Import Factor declines to take such proceedings or if the Export Factor requires a reassignment of the disputed receivables so that proceedings may be taken in his or the supplier's name, then, in either case, the Export Factor is entitled to such reassignment.

(c) Whether or not any such reassignment has been made the Import Factor shall again accept as approved, within the time limits specified in paragraph (v) of this Article, such disputed receivable to the extent that the dispute is settled in favour of the supplier (including an admission by the person responsible for the administration of the debtor's insolvent estate) provided that:

(1) the Export Factor has complied with his obligations under paragraph (iv) (a) of this Article;

(2) the Import Factor has been kept fully informed about the status of negotiations or proceedings at regular intervals; and

(3) the settlement provides for payment by the debtor to be made within 30 days of the date of the settlement, if amicable, or the date of the coming into effect of the judgement in the case of a legal settlement, provided, however, that such 30 day period shall not apply in the case of the admission of the debt by the person responsible for the administration of the debtor's insolvent estate.

(d) For the purpose of this Article, "legal settlement" means a dispute settled by way of a decision of a court or other tribunal of competent jurisdiction (which, for the avoidance of doubt, shall include arbitration) provided such legal proceedings have been formally commenced by proper service of legal process or demand for arbitration prior to the term set for an amicable settlement; and "amicable settlement" means any settlement which is not a legal

settlement.

(v) The time limits referred to in paragraph (iv) (c) above, for the Import Factor to accept again as approved a disputed receivable, are as follows:

(a) in the case of an amicable settlement, 180 days; and

(b) in the case of a legal settlement, 3 years;

in each case after the receipt of the dispute notice in accordance with paragraph (ii) of this Article. If, however, during such periods, the debtor becomes officially insolvent or makes a general declaration or admission of his insolvency, the Import Factor shall remain at risk until the dispute has been settled.

(vi) In the case of a disputed receivable which the Import Factor has accepted again as approved in accordance with paragraph (iv) of this Article:

(a) if the receivable has been reassigned to the Export Factor the Import Factor shall have the right to an immediate assignment to him of all the Export Factor's or (as the case may be) the supplier's rights under the settlement;

(b) in every such case any PUA, which is to be made in accordance with Article 24, shall be made within 14 days of the date on which payment is to be made by the debtor according to the settlement provided that:

(1) any assignment required by the Import Factor under paragraph (vi) (a) of this Article has been made effectively by the Export Factor within that period; and

(2) the end of that period of 14 days is later than the original due date for the PUA.

(vii) If the Export Factor does not comply with all his obligations under this Article and such non-compliance substantially affects the risk position of the Import Factor, then the Import Factor shall have the right to reassign to the Export Factor the disputed receivable and the Export Factor shall promptly reimburse the Import Factor with the amount of the PUA; such payment shall include interest from date of PUA to date of reimbursement as calculated in accordance with paragraph (iii) (b) of Article 26.

(viii) If the dispute is resolved in full in favour of the supplier, all related costs shall be the responsibility of the Import Factor. In all other cases the

costs will be the responsibility of the Export Factor.

(N.B.: Paragraph (iv) (b) amended June 2004. Paragraph (iv) (c) (3) amended June 2009. Paragraph (vii) amended June 2010. Paragraphs (iii) (vi) (b)and (vii) amended June 2013.)

SECTION VII   Representations, warranties and undertakings

Article 28   Representations, warranties and undertakings

(i) The Export Factor warrants and represents for himself and on behalf of his supplier:

- (a) that each receivable represents an actual and bona fide sale and shipment of goods or provision of service made in the regular course of business and in conformity with the description of the supplier's business and terms of payment;
- (b) that the debtor is liable for the payment of the amount stated in each invoice in accordance with the terms without defence or claim;
- (c) that the original invoice bears notice that the receivable to which it relates has been assigned and is payable only to the Import Factor as its owner or that such notice has been given otherwise in writing before the due date of the receivable, any such notice of assignment being in the form prescribed by the Import Factor;
- (d) that each one at the time of his assignment has the unconditional right to assign and transfer all rights and interest in and title to each receivable (including any interest and other costs relating to it which are recoverable from the debtor) free from claims of third parties;
- (e) that he is factoring all the receivables arising from sales as defined in Article 3 of any one supplier to any one debtor for which the Import Factor has given approval; and
- (f) that all such duties, forwarder's fees, storage and shipping charges and insurance and other expenses as are the responsibility of the supplier under the contract of sale or service have been fully discharged.

(ii) The Export Factor undertakes for himself and on behalf of his supplier:

- (a) that he will inform the Import Factor of any payment received by the

supplier or the Export Factor concerning any assigned receivable; and

  (b) that as long as the Import Factor is on risk the Export Factor will inform the Import Factor in general or, if requested, in detail about any excluded transactions as defined in Article 3.

(iii) In addition to the provisions of Article 32, in the event of a breach of the warranty given in paragraph (i) (e) or the undertaking given in paragraph (ii) (b) of this Article the Import Factor shall be entitled to recover from the Export Factor:

  (a) the commission and/or charges as agreed for that supplier on the receivables withheld; and

  (b) compensation for other damages, if any.

SECTION VIII   Miscellaneous

Article 29   Communication and electronic data interchange (EDI)

(i) Any written message as well as any document referred to in these Rules, which has an equivalent in the current EDI Standard can or, if so required by the Constitution and/or the Rules between the Members whenever either of them is applicable, must be replaced by the appropriate EDI-message.

(ii) The use of EDI is governed by the edifactoring.com Rules.

(iii) The originator of a communication shall assume full responsibility for the damages and losses, if any, caused to the receiver by any errors and/or omissions in such communication.

(iv) Neither the Export Factor nor the Import Factor shall disclose any confidential information given to them to any third party without the written consent of the other unless required by law.

(N.B.: Paragraph (iv) added June 2013.)

Article 30   Accounts and reports

(i) The Import Factor is responsible for keeping detailed and correct debtor ledgers and for keeping the Export Factor informed about the accounts showing on such ledgers.

(ii) The Export Factor shall be entitled to rely upon all information and

reports submitted by the Import Factor provided that such reliance is reasonable and in good faith.

(iii) If for any valid reason the Import Factor or the Export Factor will not be able to make use of the EDI then the Import Factor shall account and report at least once a month to the Export Factor with respect to all transactions and each such monthly account and report shall be deemed approved and accepted by the Export Factor except to the extent that written exceptions are taken by the Export Factor within 14 days of his receipt of such account and report.

Article 31   Indemnification

(i) In rendering his services, the Import Factor shall have no responsibility whatsoever to the Export Factor's suppliers.

(ii) The Export Factor shall indemnify the Import Factor and hold him harmless against all suits, claims, losses or other demands which may be made or asserted against the Import Factor:

  (a) by any such supplier by reason of an action that the Import Factor may take or fail to take; and/or
  (b) by any debtor in relation to the goods and/or services, the invoices or the underlying contracts of such supplier;
      provided that in either case the Import Factor's performance in his action or failure to act is reasonable and in good faith.

(iii) The Import Factor shall indemnify the Export Factor against any losses, costs, interest or expenses suffered or incurred by the Export Factor by reason of any failure of the Import Factor to comply with his obligations or warranties under these Rules. The burden of proof of any such loss, costs, interest or expense lies with the Export Factor.

(iv) Each of the Export Factor and the Import Factor shall reimburse the other for all losses, costs, damages, interest, and expenses (including legal fees) suffered or incurred by that other by reason of any of the matters for which the indemnities are given in paragraphs (ii) and (iii) of this Article.

(N.B.: Paragraph (iii) amended September 2008.)

135

Article 32   Breaches of provisions of these Rules

(i) A substantial breach must be asserted within 365 days after the due date

of the receivable to which it relates.

(ii) If the Export Factor has substantially breached any provision of these Rules, the Import Factor shall not be required to make PUA to the extent that the breach has seriously affected the Import Factor to his detriment in his appraisal of the credit risk and/or his ability to collect any receivable. The burden of proof lies with the Import Factor. If the Import Factor has made PUA the Import Factor shall be entitled to reimbursement of the amount paid, provided the Import Factor has established his right to reimbursement, to the satisfaction of the Export Factor, within 3 years from the date of assertion of the breach.

(iii) A substantial breach of paragraphs (i) (a) and (b) of Article 28 that results only from a dispute shall not be subject to the provisions of this Article and shall be covered by the provisions of paragraphs (i) to (viii) of Article 27.

(iv) The Export Factor shall promptly reimburse the Import Factor under this Article; such payment shall include interest from date of PUA to date of reimbursement as calculated in accordance with Article 26 (ii).

(v) The provisions of this Article are additional to and not in substitution for any other provisions of these Articles.

(N.B.: Paragraph (iii) becomes (i) with the other paragraphs to follow chronologically June 2009. Paragraph (ii) amended June 2010. Paragraphs (ii) and (iv) amended June 2013.)

附录七：FCI《国际保理通用规则》（2013中文翻译版）

国际保理通用规则
（国际保理商联合会制定）

2013年7月印制

目 录

第一节 总 则

第一条 保理合同与应收账款

保理合同意指一项契约，据此，供应商可能或将要向一家保理商转让应收账款（本规则中称为"账款"，视上下文不同，该词有时也指部分应收账款），不论其目的是否为了获得融资，至少需要满足以下职能之一：

—账款分户账管理

—账款催收

—坏账担保

第二条 参与国际双保理的当事人

参与国际双保理的当事人为：

（ⅰ）供应商（通常也称为客户或卖方）：为供货或所提供的服务出具发票的一方；

（ⅱ）债务人（通常也称为买方或顾客）：对于供货或提供服务而产生的账款负有付款责任的一方；

（ⅲ）出口保理商：根据保理合约接受供应商转让账款的一方；

（ⅳ）进口保理商：根据本规则接受出口保理商转让账款的一方。

第三条 应收账款的范畴

本规则所指账款仅包括与出口保理商签有协议的供应商以信用方式向债务人销售货物或提供服务所产生的应收账款，该债务人所在国应被某进口保理商所提供的保理服务所覆盖。以信用证（不包括备用信用证）、凭单付现或任何种类的现金交易为基础的销售除外。

第四条 通用语言

进口保理商和出口保理商之间的通讯语言为英语。如所提供的

信息为其他语言，则必须附英文翻译。

第五条　期限

除非另有规定，本规则所指期限均为公历日。如某期限到期日为进、出口保理商的非工作日或任何公布的公众假日，则该期限到期日应顺延至有关保理商的下一工作日。

第六条　书面形式

"书面形式"指任何可以永久记录通讯信息并在记录之后随时都可予以复制并使用的形式。如书面信息需要签署，经该书面信息当事方同意，只要该书面信息能确定其创建方身份且表明该创建方已认可其内容，则该签署要求即为满足。

第七条　与本规则有所偏差的协议

当进、出口保理商之间达成的书面协议（并经双方签署）有悖于、不符合本规则条款或超出其范围时，该协议将在该方面优先于并取代本规则中相关的任何不同或相反的条件、条款或规定，但在其他所有方面，该协议仍应遵从本规则并视为本规则的组成部分。

第八条　编号规则

为准确识别所有供应商、债务人、进口保理商及出口保理商，出口保理商和进口保理商必须协商确定一套适当的编号规则。

第九条　佣金/报酬

（ⅰ）进口保理商有权依照国际保理商联合会理事会不时颁布的费率结构和付费方式就其所提供的服务收取佣金及/或费用。

（ⅱ）佣金及/或费用必须按照上述付费方式以协定币种进行支付。迟付的一方应按第二十六条规定承担因迟付而产生的利息及等值汇兑损失。

（ⅲ）即使应收账款被反转让，进口保理商仍有权收取佣金或费用。

第十条 进出口保理商之间争议的解决

（ⅰ）只要在交易开始时双方均为国际保理商联合会的成员，进、出口保理商之间产生的有关国际保理业务的一切争议均应按照《国际保理商联合会仲裁规则》进行解决。

（ⅱ）如果在提出仲裁申请时仅有一方为国际保理商联合会成员，但另一方同意或接受此仲裁方式时，双方之间的争议也可如此解决。

（ⅲ）仲裁结果应是终局性的且对各当事方具有约束力。

第十一条 善意与互助原则

本规则中所有的权利和义务均应本着善意的原则得以行使及履行。出口保理商及进口保理商将采取一切方式保障对方的权益，任何一方尽各自所能在任何时间协助对方获取任何有助于其履行义务及/或保护自身利益的文件。进、出口保理商承诺将立即通知对方自己所注意到的可能对账款催收或债务人资信产生负面影响的任何事实或情况。

第二节 应收账款转让

第十二条 转让

（ⅰ）账款的转让意味着并构成通过各种方式的对于账款相关的一切权利、权益及所有权的让渡。根据本定义，以账款提供担保也被视作账款的转让。

（ⅱ）对于已转让的每笔应收账款，由于进口保理商因接受转让而获得完全所有权，进口保理商有权以自己的名义单独或与出口保理商及/或供应商共同提起诉讼或以其他方式执行催收，且有权以出口保理商名义或以该供应商名义对债务人的付款票据进行收款背书，且进口保理商享有运输中留置权和停运权赋予的利益，且享有

未获付款的供应商对于债务人已拒收或已退回货物所享有的一切其他权利。

（ⅲ）所有应收账款的转让必须以书面形式进行。

第十三条　转让的有效性

（ⅰ）进口保理商有义务按照债务人所在国法律要求通知出口保理商：

（a）转让通知的措词与形式；和

（b）转让中保护出口保理商免受第三方索偿所必需的任何要素。

进口保理商保证其通知内容的有效性。

（ⅱ）出口保理商在依赖本条第（ⅰ）款进口保理商按照债务人所在国法律所作通知的同时，应负责供应商对其所作转让以及其向进口保理商所作转让的有效性，包括面临第三方索偿和供应商出现破产时的有效性。

（ⅲ）如果出口保理商要求办理某笔针对第三方执行的特殊转让，进口保理商有责任在适用法律许可范围内遵照执行，相关费用由出口保理商承担。

（ⅳ）如账款转让需要特殊单据或书面确认方能生效和执行，应进口保理商要求，出口保理商必须提供有关单据及/或以指定形式确认。

（ⅴ）如出口保理商在收到进口保理商要求后三十天内未能就该笔应收账款提供相关单据或确认，则进口保理商可以反转让该笔应收账款。

第十四条　账款相关单据

（ⅰ）进口保理商应及时收到受让账款对应的发票及贷项清单明细，若为发票，则最迟不得超过账款到期日。本通则所述"账款到期日"，意指商务合约中规定的账款支付日期。如商务合约规定分期付款，则每期账款有其各自的到期日，除非该合约对此另有约定。

（ii）进口保理商可以要求代表所有权的正本单据通过其进行传递，包括可转让运输单据及/或保险凭证在内。

（iii）若系账款催收所需，在进口保理商的要求下，出口保理商必须立即（无论如何不得超过下述规定期限）提供下述任何一种或全部单据作为证据：

（a）在收到要求后十天内，一份与签发给债务人的发票完全相同的副本；

（b）在收到要求之日起三十天内：

（1）发货证明；

（2）履行销售及/或服务合同的证据（若适用）；

（3）发货前要求提供的任何其他单据。

（iv）如果出口保理商未在规定期限内：

（a）提供第十四条第（iii）款所述单据；或者

（b）就该延迟提出令进口保理商接受的理由和宽限请求；

则进口保理商有权反转让相关应收账款。

（v）进口保理商要求出口保理商提供上述单据的有效期限为账款到期日后二百七十天。

第十五条 账款的反转让

（i）进口保理商根据第十三条第（v）款或第十四条第（iv）款反转让一笔应收账款必须在其首次要求提供相关单据后的六十天内作出，或者如果进口保理商已根据第十四条第（iv）款给出宽限期，则在该宽限期后第三十天前作出。

（ii）如根据本条或第二十七条第（vii）款，并排除本条第（iv）款所述情况，允许进口保理商反转让一笔应收账款，则其对反转让账款的所有义务被一并解除，并可从出口保理商处索回其已就该账款支付的款项。

（iii）上述每一笔反转让均须以书面形式进行。

（iv）如债务人在尚未得知反转让事宜时，向进口保理商支付

已反转让账款对应款项，则进口保理商应保障出口保理商的权益，保管并立即将此款项汇至出口保理商。

第三节　信用风险

第十六条　信用风险定义

（ⅰ）信用风险意指债务人出于争议以外的原因在账款到期日后九十天内未能全额付清账款的风险。

（ⅱ）进口保理商对受让账款承担信用风险是以该账款纳入其书面核准的额度内为条件的。

第十七条　核准与核准申请

（ⅰ）出口保理商要求进口保理商承担信用风险的申请，无论是请求核准单笔订单还是信用额度，均须以书面形式提出，且必须包括使进口保理商能够评估信用风险和正常付款条件的一切必要信息。

（ⅱ）如进口保理商根据所提交的债务人信息无法确认债务人的准确身份，则可以在其回复中更改有关债务人明细。任何核准仅适用于进口保理商在核准通知中认定的债务人。

（ⅲ）进口保理商必须毫不延迟地，且在任何情况下，不迟于自收到申请之日起十日，将其决定以书面形式通知出口保理商。如果在上述期限内，进口保理商无法作出决定，则应在该期限届满之前尽早通知出口保理商。

（ⅳ）在核准额度内，核准适用于债务人所欠的下列应收账款：

（a）在核准日，进口保理商已记录在案的账款；

（b）自提出额度申请之日前三十天内发货或已完成服务而产生的应收账款；

且在任一情况下，以进口保理商收到第十四条规定的发票明细和单据为前提条件。

（Ｖ）（ａ）就单笔订单所作全额或部分核准对进口保理商有约束力，进口保理商应承担已核准的信用风险，但前提是，发货日期不迟于信用风险承担申请中所列发货日期（若有）或进口保理商在核准中所指明的任何更早到期日。

（ｂ）进口保理商核准信用额度，意味着其必须承担额度取消或失效前在核准金额内发货所产生的账款的信用风险。

（ｃ）"货物"一词包括"服务"，且"发货"这一表述中包含"服务已完成"。

（ｄ）货物一经交付运输而运往债务人或其指定人，无论是通过普通承运人，还是通过债务人或供应商自备运输工具，即构成货物已发运。对于服务而言，服务一经完成即构成货物已发运。

（ｖｉ）信用额度是核准某一债务人名下与某一供应商之间账款的循环额度（以不超过额度最高金额为限）。循环是指，在信用额度有效期内，随着额度内账款被债务人或进口保理商支付，或向债务人方贷记，超额度的应收账款将自动转入额度内。这些账款将按其付款到期日的先后顺序转入，且始终限于当时已支付或已贷记的金额。如果两笔或两笔以上发票的付款到期日相同，则按各发票号码的顺序进行转入。

（ｖｉｉ）所有核准都基于每一笔应收账款的付款条件与核准应收账款的相关信息中所述的付款条件一致（偶尔可允许100%或45日变动幅度，以期限短者为准）。但是，该类变动均不得使信用期超过进口保理商在核准中所指明的最长信用期。

（ｖｉｉｉ）核准币种应与申请中的币种相同。然而，信用额度涵盖的应收账款不仅包括以核准币种计价的发票，也包括以其他币种计价的发票；但无论如何，进口保理商承担的风险将不超过最初核准的金额。

（ｉｘ）针对每一供应商，就其每一债务人只应核定一个信用额度，且任何新的信用额度，无论以何种币种计价，均应撤销且取代针对同一供应商就同一债务人先前核定的所有信用额度。

（x）如进口保理商知悉债务人的惯例是禁止转让其所欠应收账款，则进口保理商应在给予核准时将此情况通知出口保理商；如果进口保理商事后获悉该情况，则应于获悉后立即通知出口保理商。

第十八条　减额与撤销

（i）如理由充分，进口保理商有权降低或撤销对单笔订单或信用额度的核准。该类减额或撤销必须以书面或电话（并随后书面确认）形式作出。接到该减额或撤销通知后，出口保理商应立即通知供应商。该减额或撤销对供应商接到通知后所发运的货物及/或完成的服务有效。在向出口保理商发送该撤销或核减通知之时或之后，进口保理商有权直接向供应商发送该通知，但应将该行动通知出口保理商。

出口保理商应配合及确保供应商配合进口保理商停运任何在途货物，以最大限度降低进口保理商的损失。出口保理商承诺在此情况下给予进口保理商一切必要的援助。

（ii）供应商和出口保理商之间的协议终止之日，针对所有订单和信用额度的核准立即自动撤销，无须另行通知，但对该终止日期之前发货和提供服务所产生的应收账款仍将有效，只要账款在终止日期起三十天内转让给进口保理商。

（iii）在信用额度撤销或信用额度到期之时：

（a）超额度账款转入权停止。此后，除本款第（b）和（c）项所规定者外，进口保理商可将收到的任何付款或贷项（与第三条所排除交易有关的付款或贷项除外），用于冲抵已核准应收账款而优先于未核准应收账款。

（b）如一笔贷项与未核准应收账款有关，且出口保理商提供令进口保理商信服的证明，确定该贷项完全是由于货物未发运或行使

在途停运权所致，则该贷项应用以冲抵未核准应收账款；且

（c）关于出口保理商或有关供货商转让的账款，进口保理商从债务人此后财产一般分配所收到的任何款项，将于分配之日，在进口保理商和出口保理商之间按照各自在债务人所欠金额的相应权益比例予以分摊。

第十九条 出口保理商的转让义务

（i）在符合本条第（ii）和（iii）款规定的前提下，出口保理商可以，但无义务将进口保理商所在国的债务人尚未支付的、已经转让给出口保理商的所有账款转让给进口保理商。

（ii）出口保理商应告知进口保理商其与供应商的保理合约是否涵盖供应商对进口保理商所在国信用销售所产生的全部业务量。

（iii）一旦进口保理商已为某一债务人核准了信用额度，且该债务人所欠发票款项已转让给进口保理商，则供应商对该债务人的所有后续账款必须转让给进口保理商，即使账款只获部分核准或根本未获核准也应如此。

147

（iv）如进口保理商决定撤销信用额度，出口保理商的上述义务继续存在，直到所有已核准应收账款全部已获支付，或者以其他方式得以清偿，换言之，直到进口保理商"脱离风险"。然而，出口保理商与供应商之间的合同撤销后，就不会再发生应收账款转让。

第四节 应收账款催收

第二十条 进口保理商的权利

（i）就已转让给进口保理商的任何应收账款，如果出口保理商或其任何供应商收到以现金、支票、汇票、本票或其他票据所作支付，出口保理商必须立即通知进口保理商该收款事宜。所收到的该款项，应由出口保理商或该供应商以信托方式代进口保理商保

管，且如进口保理商要求，则应适当背书后立即交付进口保理商。

（ⅱ）如销售合同含有禁止转让约定，则进口保理商应以出口保理商及/或供应商代理人身份，享有第十二条第（ⅱ）款所规定的同等权利。

（ⅲ）如果进口保理商：

（a）无法在债务人所在国的法院、任何仲裁庭或其他有管辖权的裁判庭（通称"裁判庭"）获得有关其已受让应收账款的裁决，而其理由仅仅是：

（1）由于某笔账款所依据的供应商和债务人之间销售合约中有明确关于司法管辖权或争议解决方式的条款；或者

（2）债务人所在国该类裁判庭已排除管辖权；且

（b）在对应该应收账款的发票的到期日后365日内通知出口保理商其无法获得裁判；

则进口保理商可以立即反转让该应收账款，并向出口保理商收回其已按第二十四条第（ⅱ）款就该应收账款所支付的款项。

（ⅳ）如在本条第（ⅲ）款所指任何反转让之日起三年内，出口保理商或供应商就该已反转让应收账款获得任何裁判庭针对债务人的、在债务人所在国可强制执行的判决或裁决，则对于原核准的应收账款，进口保理商应：

（a）接受该判决项下针对债务人所有权利的转让并重新接受该应收账款为已核准应收账款；且

（b）第二十四条及其后所规定的核准付款须自判决规定的债务人付款之日起十四日内进行，前提是出口保理商已按本条第（ⅳ）款第（a）项要求在该期限内完成有效转让。

与获得本条项下判决有关的一切费用，应由出口保理商承担。

第二十一条 催收

（ⅰ）所有转让给进口保理商的应收账款的催收，由进口保理商负责。进口保理商应尽最大努力及时催收所有该类应收账款，无论是否已核准。

（ⅱ）除第二十七条规定的情形外，当某一债务人所欠账款总额中仅有部分被核准时：

（a）进口保理商有权不经出口保理商事先许可即采取法律措施催收此类账款，但进口保理商应将该情况通知出口保理商；

（b）如出口保理商通知进口保理商其不同意采取该法律措施，而该类法律措施也相应终止，则进口保理商有权反转让债务人此时所欠的全部账款，并由出口保理商偿付进口保理商因采取该类法律措施而发生的一切支出与费用。该类反转让适用第十五条第（ⅱ）和（ⅲ）款的规定；且

（c）除本条第（ⅱ）款第（b）项中涉及的费用和开支外，采取此类法律行动的费用和开支将由进、出口保理商根据账款余额中核准与未核准部分的比例分担。

第二十二条　未核准应收账款

（ⅰ）当某一债务人所欠账款在某一时点全部都未经核准时：

（a）进口保理商在采取法律或其他催收行为产生费用和开支前，应征得出口保理商的同意（进口保理商自身的和管理性的费用和开支除外）；

（b）以上法律行动催收产生的费用和开支应由出口保理商承担，进口保理商对由于出口保理商迟表同意所造成的损失及/或费用不承担责任；

（c）如果在三十天内出口保理商不答复进口保理商是否同意承担费用的请求，则此时或此后的任何时间进口保理商都有权反转让有关账款；

（d）进口保理商有权要求出口保理商预付一笔保证金，以抵补其催收账款时预计要发生的全部或部分费用。

第五节　资金的汇划

第二十三条　付款的汇划

（ⅰ）当债务人就已转让给进口保理商的账款向进口保理商付款时，进口保理商应于起息日或其收到银行收款通知之日（两者以晚者为限）后，立即按照发票币种向出口保理商支付其银行收款净额的等值金额，先前已作核准付款的除外。

（ⅱ）所有付款，不论金额大小，都应每日通过SWIFT或类似系统汇划。

（ⅲ）进口保理商应不迟于划拨之日提供表明所划款项数额分配的报告。

（ⅳ）应进口保理商要求，出口保理商应向其退还：

（a）已支付给出口保理商的款项，如果债务人向进口保理商所作支付的票据（支票或同等票据）随后被拒付，前提是：

（1）进口保理商已在付款通知中向出口保理商通知了这一可能性（保留付款）；且

（2）进口保理商在向出口保理商汇划资金之日起的十个本国银行工作日内提出了该要求；或者

（3）该拒付是由于债务人出具付款票据后因提出争议而发出止付指令。在这种情况下，第二十七条规定的程序和期限适用，因此进口保理商向出口保理商所作付款应按核准付款（如第二十四条第（ⅱ）款所定义）处理。

（4）退款要求不影响进口保理商其他义务；

（b）进口保理商对出口保理商所作出的付款，若该付款系针对未经核准的账款或账款中未经核准的部分，而先前由债务人或账款担保人所支付的款项后来根据付款人所在国法律需要退还，且进口保理商已经退付或结清退款，只要这种退款是善意的。此类退还没有任何时间限制。

第二十四条　核准付款

除第二十五条、第二十七条和第三十二条所规定的情况外：

（ⅰ）就已核准应收账款，进口保理商应承担由于债务人不能按相关销售或服务合同条款于到期日全额付款而造成损失的风险；且

（ⅱ）倘若该应收账款于上述到期日后九十日内未获债务人或其代理人付款，则进口保理商应于第九十日就未获支付金额向出口保理商作出付款（"核准付款"）。

（ⅲ）就本条第（ⅰ）款和第（ⅱ）款而言，债务人所作付款是指向进口保理商、出口保理商、供应商或供应商破产管理人中任何一方所作付款。

（ⅳ）如付款是针对供应商或供应商破产管理人作出的，则进口保理商应在债务人所在国配合并帮助出口保理商降低任何潜在的或实际的损失风险。

（ⅴ）如一笔已核准应收账款与相应信用额度的币种不同，为确定核准金额，该笔应收账款应按核准付款到期日XE.com所报出（且为edifactoring.com所使用）的汇率（中间价）折算成信用额度币种金额。无论如何，进口保理商所承担的风险任何时候都不得超过原核准金额。

第二十五条　禁止转让

（ⅰ）对于已经核准的任何账款，若销售或服务合同载有禁止转让条款，只有在债务人正式破产或作出破产的一般声明或承认其破产时，进口保理商才履行核准付款责任，但无论如何，不得早于第二十四条第（ⅰ）款所述的到期日之后第九十天。

（ⅱ）在根据本条第（ⅰ）款进行核准付款后，进口保理商将成为唯一能以供应商名义对债务人的破产财产主张权利的人。

（ⅲ）出口保理商将向供应商索取并向进口保理商提供任何进口

保理商在本条第（ii）款所述情形下主张权利时可能需要的文件。

（iv）即使本规则另有相反规定，本条规定仍应适用。

第二十六条　迟付

（i）如进口保理商或出口保理商未能如期向对方支付任何款项，则应承担相应利息。

（ii）除本条第（iii）款规定者外，如进口保理商未按第二十三条或第二十四条要求进行付款，则进口保理商应：

（a）向出口保理商支付自应付日期至实付日期整个期间、按应付日当天相应币种三个月LIBOR利率之两倍计算的利息，只要该利息金额累计超过五十欧元；且

（b）等值向出口保理商补偿由于迟付款而使其遭受的任何汇价损失。

如果没有相应货币的LIBOR报价，赔付利率应按应付日出口保理商能够获得的该货币最低拆借利率的两倍计算。

（iii）如果由于进口保理商不能控制的情况导致其无法按期付款时，进口保理商应：

（a）立即将此项事实通知出口保理商；

（b）向出口保理商支付自应付日期至实付日期整个期间、按相当于出口保理商所能获得的相应币种最低拆借利率计算的利息，只要该利息金额累计超过五十欧元；

（iv）出口保理商对进口保理商所作的任何迟期付款，参照本条第（ii）款和第（iii）款规定执行。

第六节　争　议

第二十七条　争议

（i）一旦债务人未接受货物或发票，或提出抗辩、反诉或抵

销，包括（但不限于）由于第三方对应收账款主张债权所引起的抗辩，即为发生争议。然而，如本条与第二十五条规定相抵触，则以第二十五条规定为准。

（ii）一旦得知争议发生，进口保理商或出口保理商应立即向对方发出争议通知，该通知中应包括其所知悉的有关应收账款和该争议事实的所有细节和信息。在上述任一情况下，出口保理商应在收到或发出争议通知起六十日内，向进口保理商提供关于该争议的进一步信息。

（iii）在收到争议通知后，对该应收账款所作核准视为暂止。

如争议由债务人提出，且进口保理商于争议涉及的发票到期日后九十日内收到争议通知，则不应要求进口保理商就债务人拒绝支付的金额进行核准付款。

如争议由债务人提出，且进口保理商于核准付款后，但于相关发票到期日后一百八十日内收到争议通知，则进口保理商有权索回因争议而被债务人拒付的金额。

（iv）（a）出口保理商应负责解决争议，并持续努力，确保争议尽快得到解决。如有必要，进口保理商应配合并协助出口保理商解决争议，包括采取法律措施。

（b）如进口保理商拒绝采取法律措施，或者出口保理商要求将争议应收账款反转让以便其以自己或供应商名义采取该法律措施，则在上述任一情况下，出口保理商都有权要求此项反转让。

（c）无论是否进行了反转让，只要在本条第（v）款规定的期限内，争议得到了有利于供应商的解决结果（包括得到债务人破产财产管理负责人的认可），进口保理商应重新接受争议账款并视为已核准，其前提是：

（1）出口保理商已履行了本条第（iv）款第（a）项项下的义务；

（2）进口保理商被定期告知协商或诉讼程序的进展情况；且

（3）解决结果要求债务人在达成和解之日（若为和解）或裁决生效之日（若为法律裁决）起三十日内付款，但若债务人破产管理人承认债务，则该三十日期限不适用。

（d）就本条而言，"法律裁决"意指通过有司法管辖权的法院或裁判庭的判决（为避免疑义，应包括仲裁裁决）解决争议，前提是该类法律程序已于设定的和解期限届满之前通过适当送达法院传票或提出仲裁申请而正式启动。"和解"意指法律裁决之外的任何其他解决方式。

（ⅴ）上述第（ⅳ）款第（c）项所述的进口保理商将争议账款重新视为已核账款的期限为：

（a）在和解的情况下，为一百八十日；及

（b）法律裁决的情况下，为三年；

以上期限均从收到本条第（ⅱ）款规定的争议通知书后开始起算。然而，如在上述期限内，债务人正式破产或作出破产的一般声明或承认破产，进口保理商将一直承担风险，直至争议得到解决。

（ⅵ）在进口保理商根据本条（ⅳ）款规定将争议账款重新视为已核账款的情况下：

（a）如账款已反转让给出口保理商，则进口保理商有权要求立即受让解决结果赋予出口保理商或供应商（视情况而定）的所有权利；

（b）在前述情形下，按照第二十四条应作出的核准付款，必须在解决结果所规定的债务人付款日后的十四日内作出，前提是：

（1）进口保理商按本条第（ⅵ）款第（a）项所要求的转让已由出口保理商在该规定期限内有效完成；且

（2）该十四日期限的终止日期迟于原先核准付款的到期日。

（ⅶ）如出口保理商不履行其在本条项下义务，结果导致进口保理商承担的风险加大，进口保理商有权将争议账款反转让给出口保理商，出口保理商应立即向进口保理商偿还相应核准付款款项，并支付按第二十六条第（ⅲ）款第（b）项计算的从核准付款日至偿还日之间的利息。

（ⅷ）如争议解决结果完全有利于供应商，则所有相关费用应由进口保理商承担。任何其他情况下，费用均由出口保理商承担。

第七节 陈述、保证与承诺

第二十八条 陈述、保证与承诺

（ⅰ）出口保理商就其本身并代表其供应商保证且陈述如下：

（a）每笔应收账款均代表一笔在正常业务过程中真实善意的销售与发货或提供服务，且该活动符合（申请买方额度时）所述的供货商经营范围和付款条件；

（b）债务人有责任按照付款条件支付每笔发票所列金额，并且不得提出抗辩或反索；

（c）正本发票载有转让通知，表示与该发票有关的账款已经转让且只能付给作为账款所有人的进口保理商，或者已于发票到期日前另行书面通知。任何类似转让通知必须采用进口保理商规定的格式；

（d）出口保理商和供应商在转让时均无条件地拥有转让和过户每笔应收账款（包括可向债务人收取的有关利息和其他费用）的全部权利、权益及所有权，不受第三方的反索影响；

（e）出口保理商将保理任何一个供应商对任何一个经进口保理商核准的债务人由符合本规则第三条规定的销售而产生的全部账款；且

（f）销售或服务合同项下规定由供应商承担的所有税款、运输费用、仓储及货运费用、保险费及其他费用均已完全履行责任。

（ⅱ）出口保理商代表自己及其供应商承诺：

（a）他将通知进口保理商由供应商或出口保理商收到的已转让

账款的任何付款；和

（b）只要进口保理商仍有风险，他将简要通知或应要求详细通知进口保理商关于本规则第三条规定中排除在保理之外的交易情况。

（ⅲ）除了第三十二条规定以外，如出口保理商违反了根据本条第（ⅰ）款第（e）项或第（ⅱ）款第（b）项所作的保证与承诺，进口保理商有权向其追讨：

（a）对所隐瞒账款按有关该供应商的协议计收的佣金和/或费用；及

（b）对其他损失的补偿，如有。

第八节　杂　项

第二十九条　通讯与电子数据交换（EDI）

（ⅰ）任何书面信息及本规则中涉及的任何文件，如在现行EDI标准中有对等的报文，可由此报文替代；倘若章程和/或成员间的规则如此要求的话，则必须由此报文替代。

（ⅱ）EDI的使用受"edifactoring.com规则"的管辖。

（ⅲ）通讯的发起方负责通讯中的错漏给接收方造成的损害与损失。

（ⅳ）除非法律要求，在未经对方书面同意的情况下，进出口保理商皆不得向第三方披露其所接收的机密信息。

第三十条　账目与报告

（ⅰ）进口保理商负责详细无误地记录债务人分户账，并及时向出口保理商通报该分户账中的账目情况。

（ⅱ）出口保理商有权依赖进口保理商提供的一切信息和报告，只要该种依赖是合理与善意的。

（ⅲ）如出于任何合理原因，进口保理商或出口保理商无法使用EDI，则进口保理商应至少每月向出口保理商发送一次所有交易的账单与报告。如出口保理商在收到账单和报告的十四天内未以书面形式提出异议，则视为其已接受并认可该报告。

第三十一条　赔偿

（ⅰ）进口保理商不因提供其服务而对出口保理商的供应商承担任何责任。

（ⅱ）出口保理商应赔偿进口保理商并使其免受在下述情况下针对进口保理商可能提起或宣称的所有诉讼、索赔、损失或其他要求的伤害：

（a）由供应商提出，出于进口保理商可能采取的或未能采取的某一行动的原因；且/或

（b）由与该供应商的货物和/或服务、发票或基础合同有关的任何债务人提出。

前提是，在上述任一情况下，进口保理商行事或未能行事属于合理且善意行为。

（ⅲ）由于进口保理商违反其在本规则项下的义务或保证而致使出口保理商遭受或发生的任何损失、成本支出、利息支出或费用，进口保理商应予赔偿。任何此类损失、成本支出、利息支出或费用的举证责任由出口保理商承担。

（ⅳ）出口保理商与进口保理商中的任何一方应赔偿对方由于本条第（ⅱ）款及第（ⅲ）款所列赔偿范围内的任何情况使对方所遭受或产生的所有损失、成本、损害、利息和开支（包括诉讼费用）。

第三十二条　对规则的违犯

（ⅰ）对于某当事人实质性违反本规则的主张，应在相关发票到期日后三百六十五日内提出。

（ⅱ）如出口保理商实质性违反了本规则的任何条款，结果严

重影响了进口保理商对信用风险的评估及/或其催收应收账款的能力，则不应要求进口保理商进行核准付款。本款举证义务在于进口保理商。如进口保理商已进行核准付款，则进口保理商有权索回所付金额，只要自确认出口保理商违反本规则之日起三年内，进口保理商获得索偿权利并为出口保理商所接受。

（ⅲ）仅由于争议所引起的对第二十八条第（ⅰ）款第（a）项和第（b）项的实质性违犯，不适用本条规定，而应适用第二十七条第（ⅰ）款至第（ⅲ）款规定。

（ⅳ）在本条规定项下，出口保理商应立即偿付进口保理商，且偿付金额应包括自核准付款日至实际偿还日之间按第二十六第（ⅱ）款计算的利息。

（ⅴ）本条规定是对本规则其他规定之补充而非替代。